LES AVANTVRES DV BARON DE FÆNESTE.

Premiere partie, reveuë, corrigée, & augmentée par l'Autheur.

Plus a esté adjousté la secóde partie, ou le Cadet de Gascogne.

A MAILLE

M. DC. XVII.

LES AVANTVRES
du Baron de Fæneste.
PREFACE.

VN Esprit lassé de discours graues & tragiques s'est voulu recreer à la description de ce siecle, en ramassant quelques bourdes vrayes. Et pour ce que la plus generale difference des buts & complexions des hommes, est que les uns pointés leurs desirs & desseins aux apparences, & les autres aux effects. L'Autheur a commencé ces Dialogues par un Barón de Gascogne, Baron en l'air, qui a pour Seigneurie FENESTE, qui en Grec signifie paroistre: Cestuy-là ieune esuenté, demy Courtisan, demy soldat: Et d'autre part un vieil Gentilhomme nommé ENAY, qui en mesme langue signifie estre homme consommé aux lettres, aux experiences de la Cour & de la guerre: Cestuy-cy un faux Poicteuin, qui prend occasion de la rencontre de Fæneste pour s'en donner du plaisir, & mesmes en faire part à quelque voisin & quelque homme de rencontre. Ie desire faire sçauoir au Lecteur que celuy qui escrit ces choses, sur toutes les parties de la France affectionne la Gascongne, & en ses discours commune n'estime & ne louê rien tant que les Gascons, autant qu'on peut distinguer les vices & vertus par nations: & mesmes c'est par le conseil d'vn des plus excellens Gentils-hommes de ce pays-là que ce personna-

ge a esté choisi, côme l'escume de ces cerueaux bouillants, d'entre lesquels se tirent plus de Capitaines & de Mareschaux de France que d'aucun autre lieu. Si ce premier livre est bien receu, le Lecteur verra les autres bien diuers en matieres, plains de veritez en riant. Si on luy fait mauuaise chere, il n'aura à pardonner que le premier essay.

L'IMPRIMEVR
au Lecteur.

I'AVOIS attaché à l'Autheur le premier livre de Fæneste fort broüillé & Imprimé à la haste pource que la foire me pressoit, maintenant que i'ay obtenu le second sur la bonne chere qu'à receu le commencement, ie vous fay voir l'un & l'autre : le premier augmenté par l'Autheur & plus correct que la premiere Edition. Ie crains que les circonspections de l'Autheur nous esloignent du troisiesme. Prenez cependant en bonne part ce qui vous est presenté par mon labeur & par ma sollicitation.

ARGVMENT.

LE Baron de Fæneſte revenant de la guerre d'Aunix, prend des relaiz à Nyort ; à quelque lieuë de
là ſe treuve eſgaré avec celuy de ſes lacquais qui montoit
à cheval en ſon rang: les autres deux mutinez d'un mauvais deſ-jeuné & dequoy le Monſieur ne partageoit pas
bien les heures, ſuivoient à regret. Le Baron enfermé
d'un parc & d'une riviere, rencontre le bon hôme Enay
veſtu d'une juppe de bure & ſans ſouliers à criç, il l'a-
coſte en ces termes.

DIALOGVES.

LE BARON DE FÆNESTE.

BON yor lou mien. ENAY. Et à vous Monſieur. F. Don benez bous ainſi. E. Ie ne vien
pas de loin, ie me pourmene autour de ce clos.
F. Comment diavle clos, il y a un quart d'ure que
ie ſuis emvorracé le long de ces murailles, & bous
ne le nommiez pas vn parc. E. Comment voudriez vous que i'appellaſſe celuy de Monçeaux
ou de Madric ? F. Encores ne couſtera-il rien de
nommer les choſes pour noms honnoravles.
E. Il ſerviroit encores moins qu'il ne couſteroit.
F. Et de qui eſt cecy. E. C'eſt à moy pour voſtre
ſeruice. F. A bous, i'ay failli à faire vne grande
cagade: car le boyant ſans fraize & ſans penache

A iij

ie luy allois demander le chemin. E. Mais, Monsieur, où allez vous ainsi: vous-vous enfermez
de demie lieuë de rivieres. F. Nons nous sommes esgarez dans un billage il y a une hure: car
pour bous dire, il m'est faichux de demander le
chemin, & mes balléts de pied sont demeurez
arriere hors mis ce couquin trop glorieux pour
parler à un bilen s'il n'y en a dux, d'ailleurs on ne
peut faire marcher ce mechant relez: i'ay quité à
Surgeres mes rouffens en la compenie de Monsur de Cantelouz qui m'en aboit accomodé, ils
sont miens & ne sont pas miens, on nous les garde pour vn autre vegade. E. S'il vous plaist de
venir vous reposer à vne petite maison à mil pas
d'icy, nous envoyerons pour faire rallier vostre
train, & vous me ferez honeur & plaisir. F. Monsur, i'absecte la courtesie, tien hau Carmagnole,
pren en men cete mechante veste, ie m'en iray
debisan abec Monsou que beci. E. Tenez mon
amy, vous n'auez gueres l'ou suivez ce chemin,
il vous menera dans la porte. F. Appellez bous
cela un chemin, c'est une velle allée vien droi-
te, vien couberte & vnie. E. C'est pour ce que
les charrettes y passent en la saison des foins.
F. Or ça Monsur, comment allez bous de cette façon sulet & sans espée? E. Ie n'ay ny querelle ny proces, & suis bien-aymé de mes voi-
sins & tenanciers, d'ailleurs i'ay vne petite lame
dans ce bourdon. F. Ie boudrois la faire parestre, quant à moy ie n'en suis pas ensi, & c'est
pourquoy bous boyez à ce laqué ce grand duel
& ce poignard à coquille. E. L'eusse plustot pris

ce que ie voy à voſtre homme pour vne targue
que pour vne coquille. F. Il faut vien de ces me-
nages à vn praube cabalier qui eſt exterminé à ne
ſouffrir d'aucun, & qui a eu trente querelles pour
un an ? car en premier c'eſtoit à qui en auroit au
Varon, mentenant il n'y à plus preſſe, ils n'y
boyent rien a gagner. E. Ie vous plains bien de
tant de querelle ie me ſuis autrefois trouué bien
empeſché d'vne. F. Il n'y a pas ourdre de pareſtre en Cour que par ces vroulleries : vn mien laqué nommé Eſtarde me rapourta qu'un ſouldat
des garde luy aboit auté une garce, ie m'aveſſe
tant que luy emboyer le villet, mais ce galand
s'ennuya de m'attendre au pré aux Clercs. Autrefois nous faiſions à premiere vn abocat de Paris ou aux mens vn ſoliciteur, il bit que mon laqué
me faiſoit quelque grimace par derriere, il luy
donne du chandelier par la teſte & me prit huiĉt
libres de mon argent, nous fuſmes appoentez
par la compenie, il me pria d'ouvlier pour l'argent, ie luy laiſſai boulontiers. Autre coup un
tort honneſte home qui ſuit Monſur de Caſtau-
bieux ſe mocquoit de mon pennache, ie le tiré
par la cape, ie le mené ſur le pré, nous defiſmes
les voutons, l'egulette, la iartiere, & le lien du
ſoulier, & l'a nous y fiſmes (à paroles s'entend.)
Toſt apres vn eſcoulier me combia de iouer, i'e-
ſtois en coulere d'ailleurs pour quelque pic
qu'vn ezent des gardes m'aboit donué à ſon
abantage come ie cuidois entrer au valet de la
Marquiſe, ie reſpondi donc à l'eſcoulier que depuis la diſpute de l'abocat, ie ne ioüois plus que

ie n'euſſe l'eſpee & le poignard nud à vout de ta-
vle : le ruſtre me reſpond qu'il aboit de couſtume
de tirer trois coups d'eſpee pour s'aboir aqui auroit le dai, ie repliqué que ie me deſpouillerois
de qualité de gentil-homme pour le comvatre : ce
ſat redouvle que ſans me deſpoiller il me vatte-
roit vien tout beſtu : Cap de jou, ce di-ie, il faut
que la buë en deſcrube lou faiét : il me ſoubint
en chemin de la rigueur des ordonnances, & par
tant boulu adoucir l'afere, en luy diſant : quand
ie ne propoſe point à toi, pourquoy propoſes tu
à moy : cela ne ſerbit pas rien, nous en biſmes
aux més : ſur le vort de la ribiere il ſe troube vne
paillarde que laboit quauques hardes, la bilene
ſauta au coulet du ieune hóme, & ie ne le boulus
pas tuer entre ſes vras. E. Cela n'eſt pas ſans exemple, Madame de Bonne-val de Limouſin voyant
vn appel faiét chez elle, fit atteler ſa litiere pour
ſeparer, & arriva tout à temps pour ietter le ca-
ducee entre les combattans. F. Ie hay Paris de
cela, ie fuſſe maintenant entre les r'affiuez d'honneur mais on y eſt trop ſoubent ſeparé, & d'ailleurs la iuſtice ne reſpette point les gentils-hommes : vn ſergent bous executera un carouce come l'on feroit icy vne charette, & quelques chers
que ſaiét les bibre, vn paillard d'hoſte pour trem-
te piſtoles bous fera mettre la dedans, & n'eſt pas
aiſé d'en ſourtir ſans aryent, pour moy ie ſuis en
pene pour ovtenir vne grace d'vn couquin qu'un
mien camarade a tué. E. voila bien d s affaires : Mais puis que vous me les coutez ainſi pri-
vement, vous ne trouuerez pas mauuais que ie
vous

vous demande pourquoy vous vous donnez tant
de peines. F. Pour pareſtre. E. Comment paroiſt-
on auiourd'huy à la Cour? F. Premierement faut
eſtre vien beſtu à la mode de trois ou quatre Meſſurs qui ont l'autourité : il faut vn perpunt de
quatre ou cinq tafetas l'vn ſur l'autre: de chauſſes
comme celles que bous voyez, dans leſquelles
tant frize qu'eſcarlate, ie bous puis aſſurer
de huiĉt haulnes d'eſtoffe pour le mens. E. Eſt il
poſſible que ce gros lodier qui vous monte autour des reins ne vous faſſe point ſentir de gra-
velle. F. Qu'appellez-bous loudier: bou. autres
abez d'eſtranges mouts pour francimentiſer aux
bilages. Or grabelle ou non grabelle ſi faut-il
pourter en etai cette emvourrure, puch apres il
bous faut des ſouliers à cricq ou à pont levedis,
ſi bous boulez eſcoulez iuſques à la ſemelle. E. Et
en Hiuer? F. Sachez que dux ans abant la mort
du fu Roy, il luy eſchappa de louer S. Michel de
ſes diligences, & d'eſtre touſiours votté des-lors
les courtiſans prindrent la feçon d'vne vottes la
chair en dehors, le talon fort hauſſé abec certes
pantouſles fort hauſſees, encóres le ſurpied de
l'eſperon fort large & les ſoulettes qui embelopét
le deſſoubs de la pantouſle: Ces vottes ainſi tirees
tout du long bous eſpargnent toutes ſortent de
vas de ſoye : ſi bous aliez à pied par la bille on
conieĉture que le chebal n'és pas loing de bous:
mais il faut que l'eſperon ſoit douré, bous boyez
tous ces honeſtes gens d'entre les Huguenots
qui bont à pied & en cet equipage à Charenton:
ie ſai vn de mes camerades & vn parent mien qui
ont faiĉt le boyage du pays en cet eſtat, & quand

ils trouboient quelques seignurs ils se iouoient d'vne gaule , faisoient semvlant de se pourmener au long de leurs heritages , cela est espargnant. Toutefois Pompignan inbenta des descoupures sur le pied de la votte pour faire parestre vn vas de soye incarnadin : & ceux qui n'ont de vas de soye prenent de la descoupure abec le ruven de couleur . Ces vottes bous font chebaucher long , & puis les ladrines de l'inbention de Lamvert , & puis les grands capuchons qui prennent de dessus le chappeau à la Portugaise iusqu'au dessous des essaiies , tout cela fait parestre le cabalier si vien qu'vn gros de cabalerie ensi equipé monteroit vn tiers d'abantage. Or ces vottes & ces esperons ne se quite ni en carrossent ni en vatteau : & quand vn galant home n'est pœnt votté faut aboir recours à la vonne fortune pour aller en carrosse , principalement en hyuer de peur d'enfanger ses roses . E. Vous avez donc des roses en hyver. F . Oy vien nos autres oy , sur les dux pieds trainantes à terre, aux dux jarrets pendantes à mi jamves, vusc du perpunt, vne au pendant de l'espee , vne sur l'estomach , au droict des vrassars & aux coudes . E. Et quels fruicts de tant de fleurs ? F. C'est pour parestre . Il y a apres la diberfité des rotondes , à douvle rangs de dantele ou vien les fraises à confusion. E. N'avez vous point de dispute auec les Dames. F . Boila de bottes prepaux à bous autres qui benez quelques biages en Cour abec le cul plat & le coulet ravatu comme les Surs de la Nouë & d'Auuigny, ce n'est pas pour y parestre , & ie m'estonne comment l'Hussier oubre la porte pour telles gens du cavinet , & puch il y a tant de velles feçons de pennaches · E . Accordez bous bien ces pennaches auec les perruques. F. Oyda. Si bous eussiez bu Monsur l'autre yor quand il fit son entree debant le Rochelle bous ne demanderiez pas cela, ou bien si bous abiez beu Monsur de Sulli cómmander à vn bailet de l'Arsenal abec la calotte, qui est vien pis que la perruque, vn vrassart de pierrerie à la men gauche & vn gros vaton à la men drete, bous diriez vien que c'est pour parestre. E. Et bien voila pour les habillemens: estans ainsi vestus à la trotte qui mode que faictes vous apres pour parestre. F. Estans ensi couberts abec trois laquais de vroderies , plustost louez, vn videt plustost emprunté , bous boila dans la Cour du Loubre. E. Tout à cheual? F. Non pas non, on descend entre les gardes entendez : bous commencez à rire au premier que bous rencontrez: bous saluez l'vn , bous dittes le mot à l'autre, fraire que tu és vrave, espanouy cóme vne rose, tu és vien traittai de ta maistresse, ceste cruelle, ceste revelle rent elle point les armes, à ce veau front, à cette moustache vien troussee, & puis ceste velle greue, c'est pour en mourir . Il faut dire cela en demenant les vras, vranlant la teste, changeant de pied, peignant d'vne men la moustache, d'aucune fois les chebux. Abez bous gagné l'antichamvre, bous accoustez quauque galant home & discourez de la bertu . E . Vraiment Monsieur vous me rauissez, & croi qu'il n'y a guerres de Courtizans qui en sçachent tant : Mais encores les vertus desquelles vous discourez sont elles moralles ou intellectuelles. F. j'ai vien oy dire cés mouts-là

bous boulez fçaboir dequoy font nos difcours,
ils font des duels, où il fe faut vien garder d'ad-
mirer la baleur d'aucun, mais dire froidement il a
où il aboit quelque peu de couraye : & puis des
vonnes fortunes enbers les Dames, & boila le
compegnon qui n'eft pas defpourbeu. E. Et fau-
droit qu'elles fuffent aueugles. F. Et puis nous
caufons de l'abancement en Cour, de ceux qui
ont obtenu penfions, quant il y aura moyen de
boir le Roy, comvien de piftolles à perdu Cre-
qui & S. Luc, ou fi bous ne boulez point difcou-
rir de chaufes fi hautes bous philofouphez fur les
vas de chauffes de la Cour, fur vn vul Turquoize,
vn oranyé, fueille morte, Ifavelle Zizouliu, couleur de Roy, minime, triftamie, bentre de viche
ou de Nonains fi bous boulez. E. Et par ces difcours à quoy paruenez-vous? F. Quelquesfois
nous entrons dans le grand Cavinet dans la foule
de quelque Grand, nous fourtons foubz celuy de
Beringand, defcendons par le petit degrai, &
puis faifons femvlant d'aboir beu le Roy, con-
tons quelques noubelles & là faut cercher quelqu'un qui aille encores difner. E. Trouvez vous
toufiours cela à propos. F. Nenni pas non, les
Maiftres d'hoftel quelquefois grondent. les Seignurs font fermer leurs portes, difent qu'ils ont
affaire ou qu'ils fe treubent mal. E. Et lors vous
ne vous trouvez pas bien. F. Nenni certes, mais
lors il faut vouter courage, faire vonne mine, vn
curedent à la vouche pour pareftre aboir difné.
E. Et quel appointement avez vous ou quel eftat?
F. Pas eftat autrement, ie fui Monfur de Guife
quand Monfur n'y eft point, qui eft vn galand

Prince de velle humeur, qui a de velles paroles.
E. Excufez moi fi ie vous demande qui eft ce
Monfieur. F. On ne l'appelle pœnt Monfur le
Duc autrement en l'armee : depuis que la Rouchelle eft renduë, ie bous laiffe à penfer s'il le faut
appeller autrement : en fin c'eft le vrabe des vrabes & le baillant des baillants. E. Vous tenez dõc
la Rochelle pour renduë. F. Non pas du tout,
mais ie ne bous donne terme que Pafques, pour
boir que Monfur y a vonne part & de vons fer-
biteurs, & entr'autres. E. Ie vous prie n'aller pas
plus auant & retournons à la Coúr : ie defirerois
fort fçauoir comment vous vous y acheminaftes.
F. Premierement il faut que bous fachez que le
cadet Pauluftron & moi fifmes tant & fi vien,
que lui eut de fon fraire dux cens cinquante frács
(vourdelais s'entend) pour fa legitime, & moi
vingt cinq piftoles de mon coufin l'Ebefque
d'Aire : nous nous havillafmes affez proprement,
& abec des lettres de recommendation & vnes
memoires nous defcendifmes par Garonne à
Vourdeaux : là nous troubafmes au chappeau
rouye vn grand Gentil-home qui alloit à Paris,
i'ay efté tant fat que ie n'en fai pas le nom, nous
boulufmes lui faire compenie, il nous dit qu'il
couroit en pofte, comment, dis-je, abez bous vn
roncin qui puiffe pouffer d'icy à Paris : il nous cõ-
ta & apprit comment l'on alloit en poufte : boila,
dis-je vn veau plaifir, nous bous prions de nous
faire vailler chebaux : il commande à fon bailet
de nous faire vailler chebaux : au vatteau où
nous nous rendifmes, ayans vonnes chauffettes
de toile vlanche & fine : ce bieil courtifan nous

temonstra vien dans le vatteau que nous falloit aboir vottes & coussinets , de quoi nous
nous mocquions entre nous , comme cela n'e-
stoit propre qu'à Francimants , lingues peluts
& glatayafes : Le cadet & moi fismes cinquante
carrieres l'vn contre l'autre abant qu'estre arri-
bé au Carvon vlanc , là ne poubans plus durer
sans estriers , il nous fit achepter à chacuu vn
chappellet , Nous commençasmes à la Grosle à
nous trober las , à Sent Siuardeau ie m'apper-
çeus que ma chaussette estoit en sang : ce qui m'i
fit plustost regarder estoit que le poustillon & le
ballet y regardoent en riant : i'estois si eschauffé
que l'ardillon de l'estriere m'aboit entré dans le
gras de la iamve sans le sentir ; quand à mon compegnon il se disoit aboir la fiebre d'vn coüillon
enflé , & ne couroit plus que sur vne cuisse : de
s'arrester pour repaistre poent de noubelles :
pour fin de conte nous nous troubasmes à Aigre
tous dux en fiebre , & n'ayant pas plus vne va-
quette : car nous nous en estions faict pour nostre
aryent , nous boutasme couraye iusqu'à Ville-
fagen , où nostre grand courrier nous mena chez
lou Coq , nous donnant à tous dux trois pisto-
les : ce Coq nous fit vien traitter & ne prit
pas vn denier de nous : il a plus de vien luy tout
seul que six Varrons de nostre païs : car son rebe-
nu est de quatre à cinq mille escus : le mal est que
c'est sans parestre . Nous nous portions vn peu
vien quand le Comte de Merle passa qui fut vien
aise , estant amoureux de nous prendre pour pa-
ssr son tren , & pourtant il nous fit faire à Poi-

ctiers à chacun vne houpelande fort superve;
entre la Tricherie & Chastelleraut nous troub-
basmes à demi pouste vn courrier à cinq chebaux, c'estoit vn rousseau que j'ai vien depuis
rencontré. Le Comte boulut quitter la houpelande pour faire paroit son tren, ie creus de-
boir faire aussi comme luy, tien couquin fis-ie
au poustillon, pren la mienne, & les mit encores toutes dux debant luy, en prenant l'equipa-
ye des dux autres courriers : encores ne nous
apperceusmes nous pas d'estre demantelez qu'à la
seconde poste, & comme à chien maigre bont
les mouches, nous troubasmes en la Veause
les poustes tellement rompües par Monsur de
la Barenne qui couroit luy mesmes en personn-
ne, que le Comte fut contrainct de me laisser
à Anyerbille abec quelque aryent pour l'at-
trapper le lendemen. Le poustillon de Guil-
lerbal & moy eusmes querelle pource que ye le
noumois couquin, comme c'est la feçon, il me
repliqua couquin vous mesmes, ye m'appro-
che pour luy donner vne platassade, mon espee s'estoit prise dans les descoupures, comme le
raquin bit que ye ne la poubois arracher il me
boulut donner de son fouët, toute la courroie
s'entourtille à l'entour de mon pou : pou cap
de biou me boila par terre, si estonnai de la
cheute que mon bilen estoit hors de büe : &
le pis est que mon chebal l'aboit suibi : de
vone fortune il n'aboit nulles hardes à moi:
ye prins donc mon chappellet qui estoit tumvé
abec moi, & m'en allai, à yeau pied s'entend.

Toutes hures me furent velles quand ye fus
sur le haut d'Estampes, où ye troubai & le sa-
vlon & la ballee ensemvle. Le chappelet me fit
grand vien, car sans luy ie n'eusse pas peu louyer
qu'en quelque cabaret. I'allai donc aux trois
Mores vien bous dire-ye qu'il me fallut
hausser la fraize pource que ye me sentis la
gorye fort escourchee : apres aboir souppé en
vonne compenie vn home maigre me demanda si ie boulois passer l'aprés-souppee, ie
ne cerchois autre chause pour faire baloir
tous les traits de cartes que jabois appris des
laqués de Monsur de Roquelaure : j'entendois
la carte courte, la longue, la citee, la pliee,
les semences, la poncee, les marques de toutes
sortes, l'attrape, la ripousse, le coude, le tout
du petit doigt, la manche, le chappeau, lou
coubert, langou & lou mirail : Pou cap de biou
abec tout cela mon home, qui s'appelloit
Montaison, m'empourta les trois pistolles
qu'on m'aboit laissee : encores fut-il si honeste home que pour ma varbe il paia l'aute &
me monstra de courtesie vne feçon d'esca-
mouter & de mettre aryent bif dedans lou
dai pour faire petit. Comme au matin ie me
lebois fort triste i'abisai le chappelet & le fouët
qui m'estoit demeurai, je bous ben l'vn vrabe-
ment huict sols pour me mener iusques dans
Paris, & me sers du fouët pour contenance
& pour parestre, & cela me faisoit honneur:
car ie disoi aux passans qu'ils fissent ha-
ster mon poustillon : ainsi le chappelet me secourut deux fois & le fouët m'ai-

da à

da à louger aux faux-bourg S. Iacques, non
fans pene: mais i'eus vien dabantage à trouber lou logis de Monfur lou Comte, car ces
radans fe rioint quand ie demandois, il me
foubenoit vien de larvalefte, mais non pas de
la ruë, mon recours fut aux payes & laquais,
à qui ie n'eus point fi toft demandé Mófur lou
Côte qu'ils fe prindrent tous à crier ou renard.
E. Et bien Monfieur vous voila arriué, vous
m'excuferez fi ie ri, c'eft de ioye de vous voir
hors de ces petits accidents? Et cóment vous
miftes vous au móde?F Monfeur le Comte me
fit fort vien aviller, fi vien qu'ils me troûboient
tous trop vonne mine pour eftre aux gardes:
comme i'abois penfé en partant, il me laiffa à
Monfur de Montefpan: ie me fis fi vonne mine que i'étrois par tout hors mis au petit cavi-
net:ie prens cóneffance abec les Maiftre d'hoftel & gentilshomes ferbans:quand ie fus laiffé
feul ie frequentai l'hoftel de Monfur de Guife
par la fabueur de Monfur de Loux qui me de-
mádoit foubant fi ie n'aiderois-pas à tuer quelque Duc, ie m'y offrois, par là me boila fami-
lier, fi vien qu'vn ior i'efcoutois debifer l'Ebefque de Seez, Vertaut, Malerve & Matthiu abec
un home de vonne feçon:ces quatre ayát parlé
de la philofophie comme de grands fçabantas
qu'ils font, le rouffau eftant demuré feul ie luy
demandai à qui il eftoit, il me refpond qu'il ef-
tóit de noubeau arriué en Cour & qu'il n'aboit
point d'accez pour fe dóner à quelque Prince,
ie luy contay comme i'abois faict,luy dit qu'il
n'aboit point tant de hardieffe, il mena fi vien

C

l'affaire que ié le preſenté à Mõſur de Guiſe eñ
la Chamvre duquel il aboit couché la nuit auparabant comme i'ay ſceu depuis : de là à dux
jörs ie boi mõ home en grãde familiaritai abec
ce Prince, j'eus qu'auque ſoupçon, mais luy me
ramercioit des faburs qu'il receboit pour l'a-
mour de moy: vn ſoir que Monſur de Guiſe
ioüoit abec le Roy ie bis mon rouſſeau qui te-
ñoit la vougie du Roy & lui diſoit force biedaſeries à l'oreille, dõt le Roy ſe creboit de rire,
ie me pouſſe, come eſtant la cauſe de ſon abancement, que me fit-il apres aboir dit vn mout à
l'oureille, en diſant, ſerbez le Roy, me boila au
deſſus des nuës, ie vaiſe la vougie & eſtudiois
quauque vone parole pour dire cõme il faiſoit,
quand le bailet de la garde-robe ietta deux fa-
gots dans la cheminee, le Roy qui eſtoit vien
coubert d'vn von eſcran de vois, iamais home
n'eut tant de mal, j'abois veau trepigner & paſſer vne jambe ſur l'autre: le Roy qui eſtoit de la
partie, me diſoit eſclairez vien: mõ vas de ſoye
fumoit, ie n'attendois que l'hure que le vas de
& la iamve creboient: õ que i'euſſe vien boulu
eſtre dans les fanges de Veauce come l'autre
fois. En fin i'entends que les Signurs qui vou-
choient le paſſage, diſoient, Il bruſle d'amvi-
tion. En meſme temps ie fis rire le Roy, ie ma-
röce à bét rrabers, & me fis faire place à pene:
à la berité ie fis vn grand cri au cõmencement,
mais quand ie bis tout lou monde rire ie m'eſ-
forcis de rire, vien aiſe que tout paſſaſt en raille-
rie: cela me ſerbit d'aütãt de conneſſance, Vien
bous dirai-ie que ce Rouſſau me fit autre cop

mettre dans le carrousse de la Rene, disant que
i'y aurois place, mais en fin ie le reconus pour le
mesme Rousseau des houpelandes. E. Môsieur
cependant qu'on couvrira pour vous dôner vn
mauvais soupper voulez-vous point faire vn
tour d'allee. F. Oy vien Monsur cela nous don-
nera appetit. Or ça boila bostre maison qui me
semvle que bous l'eussiez plus faict parestre si
bous eussiez boulu. E. Pour parestre peu patience, le pis est qu'elle est de peu. F. I'eusse
boulu porter ce pabillô sur la porte de la vasse-
court & la dedans louyer mes officiers loin de
moi. E. I'aime mieux l'avoir petit & prés. F. Bos
escuries sont trop prés du chasteau. E. Il faict
bon avoir l'estable prés de la maison pour em-
pescher tant qu'on peut les insolences des
valets. F. Boila vn prauve mout, il y a pour
louger tréte chebaux à l'aise & bous ne l'appellerez pas escurie, & bous n'appellerez pas chasteau un donjon de huict tours abec sa platte-
forme, fossez de quarante pieds, & vne vasse
cour vien flâquee, trois ponts leveids. E. Nous
n'appellôs cela en ce pays qu'vne cour. F. où est
vostre chenil. E. Dâs les paillers. F. Comment ie
ne boi ni chins côurans ni oiseaux. E. Ils m'em-
peschoiét de dormir, me despensôient en fau-
conniers & en Hôgres, ils éstoient cause que ie
tôbois en les picquant, quâd i'ai vcu qu'ils me
cassoiét ie les ai cassez, & puis l'aage cen cassois
sa part. F. Oy, mais où est la Novlesse. E. Ie l'ai
cerchee ailleurs apres auoir leu l'Vtopie de
Thomas Maurus, qui râconte qu'estant en ce
pays-là il ouyt vn grâd bruit de cors & da trô-

pes, & voyant paſſer devãt ſon logis vne grande foule de gẽs de cheual, vne meutte de chiẽs,
de limiers, des abboyeurs, des chiens pour le
fauve, chiens pour le noir, levriers de compa-
gnõ & d'attache, & puis force oiſeaux de leurre
& de poing, trois charrettees de cordes, autant
de toilles, il demãda qu'eſtoient ces Seigneurs,
on luy reſpondit que c'eſtoient des Sagneurs
vraimẽt, que c'eſtoient les bouchers de la ville,
auſquels ſeuls la chaſſe eſtoit permiſe en ce
pays la. F. Fa au Diaule lou pays, qu'euſſent-
ils dit du Mareſchal de Montmoranci qui emboyé en emvaſſade en Angleterre marchoit
abec ſix bints oiſeaux: bous ne feriez cõme moi
ma mere nourriſſoit deux vufs gras ie les tro-
quay empour lo lebriers de Mõſur de Roque-
pine, qui depuisme l'a deſrové, mais c'eſt par fa-
miliarité. E. Non ie ne trouve pas voſtre change avantageux. F. Oy vien, mais ç'eſt pour pareſtre, & puis n'eſt ce pas vne grande cõmo-
ditai que les oſeaux? iebous puis iurer qu'en la
ſaiſon a Fioux, ſi bous ſçabez on c'eſt, nous faiſons voucherie de perdigaux. E. l'aurois peur
que la où ſeroit boycherie de perdriaux que le
lard y fult venaiſon. F. Quoy de paillers en
boſte vaſce cour, E. C'eſt le mieus quãd elle en
eſt bien empeſchee. F. Où allõs nous ici en une
gallerie, ô prauvel, & boila du vled dedãs, faire
de la gallerie vn grenier. E. Monſieur, nous
ſõmes ſi groſſiers que nous ſõmes encores plus
marris quãd nous faiſons du grenier une gallerie. Il me ſemble que voila vos gẽs venus. F. Oy
boila mes laqués: & vien Chervõniers que dia-

vle a vous tant demeuré. CHER. ventre de loup
Monſieur ſçavous pas bien comment nous
auions desjeuné: F. Boyez-bous, pource qu'il
eſt bieil, & qu'il a eſté ſergēt du Capitaine Pa-
peſu j'en endure. E. de vray voila vn lacquais
tout griſon en vn temps où nous voyons tāt de
Conſeillers ſans barbe : hola qu'on face boire
ces bons compagnõs, & qu'on apporte la collation pour Monſieur leur maiſtre en haſtant
le ſoupper. CHER. Ventre de loup le maiſtre &
les valets aimeroit mieux vn mourceau de lard
qu'vne prune. Et ie ne vous ay pas demádé M.
ſi vous auez diſné veu l'heure qu'il eſt. F. I'ay ſi
bien desjeuné que cela ſe peut appeller & pare-
tre pour vn diſner: mais ces maraux ſont impu-
dens, il n'y en a pas vn d'eux qui ne croye eſtre
cauſe que la Rouchelle a compouzé. E. Voicy
la collation plus à propos que la compoſition:
Vous autres retournez querir vn jambõ & voicy vn paſté de veau, la M. prenez que ſoyez en
vne trenchee. F. Bous dites vien , quand nous
eſtions en Saboye nous troubiõs quelquesfois
de tes rebellions en la tente de M. de Bord.
E. Vous avez donc veu la guerre de Savoye.
F. Oy j'y arrivay le propre vor que ce malheu-
reux Preſtre acheba la paix: nous ſouffrions
veaucoup en ce boyage, mais no⁹ n'euſmes pas
loiſir de faire pareſtre la balur, quoy que ce ſoit
le Roy fit pareſtre ſa victoite vié qu'elle ne luy
demeuraſt pas. E. Nous ſommes maladas du
pareſtre auſſi bien aux affaires generales qu'aux
particulieres. F. Tel que bous me boyez maintenant j'ay beu quatre guerres, aſſaboir celle de

Saboye, celle de Iuliers, où si i'eusse estai en la place du Mareschal de la Chastre j'eusse vien empesché le Prince Maurice de faire tout sans nous : nous coubriós l'armee du costé des paisans des Ardénes. La troisiesme guerre est abec le Mareschal de Vois-dauphin, que ie bins joindre auprés de Chastelleraut. La quatriesme c'est cette guerre d'Aunix, que i'ay bue du comméncement iusques à la fin E. Vous estes bien-heureux: car ie ne vous voi point estropié. F. Si aiie vié beu pleboir les mousquetades plus espesses que la gresle, tic, tac, toc, par acy, per entre les ya.nves, soubs les asselles, razibus les oreilles. Il fait bon se saboir remuer. E. Ie ne doute point de cela suiuant les belles occasions que vous avez dites. F. Ha le baillant homme qu'estoit ce Mareschal de Viron, s'il eust bescu ie ne fusse pas en si praube estat : quoy qu'il tarde la Fain en mourra, que si i'eusse esté de l'entreprise du pont nostre Dame ie luy eusse dónai cinquante foissades, il tarde à mourir. E. Il ne tarde plus, il est morr, vous lavez donc connu. F. Oy conu, oy, quand il me trouboit, Et vien mon vrabe, mon Varon : ô vien cela est fait. E. Laissons ce fascheux discours, Mósieur, parlós encores de la Cour & des Dames. F. Quant on parle de la Cour & des Dames ie me troube en mon lustre: Dieu gard de mal celle qui m'a dux fois bestu de clic & de clac: mais aussi i'eus vne vonne querelle pour elle. Nous estions en la place aux beaux emuarressez de sept ou huict carrosses, il y eut des espees tirees ; le carrossier de Madame Varrat me donna du pommeau

dans l’eſtomac, ſi ſes compegnons ne l’euſſent
ſouſtenu ie l’abois diffami:ie fis conſulter abec
les amis ſi ie le debois appeller,les vns diſoient
qu’oy pource qu’il aboit eſté ſeryent d’vne có-
penie,en fin il y eut vn aville home qui s’abiſa
que non,& par vn velle iñbention:Bous boiez
come ſont beſtus ces pendarts de catroſſiers:il
fut dit qu’abec hauneur ie ne le poubois cóva-
tre,pource qu’il eſtoit home de rovelongue. E.
Ie voi bien qu’il y a de bons eſprits à la Cour.
F. L’auneur ne s’y eſt iamais óſervé come
maintemant : Si ie poubois parbenir à eſtre cóté entre les rafinez ie ſerois vien contát.E. Ap-
prenez-moy que c’eſt, ce m’eſt vn terme nou-
veau,F.Ce ſont yens qui ſe vattent pour vn clin
d’œil, ſi on ne les ſaluë par aquit,pour vne froi-
deur,ſi le manteau d’vn autre touche le leur, &
ſi on crache à quatre pieds d’ux, & noutez que
un rapport,vien qu’il ſe troube faux,ou ſi bous
prenez vn home pour l’autre il en faut vſer cóme firent dux gentils-homes,dont l’un eſtoit
aü Cardinal de Gojeuſe, en ailant deſſur le pré
l’un demanda à l’autre,N’eſtes-bous pas vn tel
d’aubergne, non, dit l’autre, ie ſuis un tel de
Dauphiné:pourtát ils abiſerent que puis qu’ils
y aboit appel ſe falloit tuer come ils firent, &
& cela s’appele rafiné d’hauneur.E.Y a il quelque eſtat pour cela, cela vient-il aux parties ca-
ſuelles ? F.Non pas non : que c’eſt que d’eſtre
reduit aux bilages!ccela n’eſt que pour pareſtre
dabátaye.E.Me voudries-vous bien nommer
quelques uns de ces rafinez d’honneur.F.Bous
abez le vrabe Valani, Pompignan , Montglas,

Bilemot, la Fontaine, le Varon de Mont-morin, Petris, & tels autres vrabes que leur courage a fait pareſtre. E. Excuſez-moi, mais empeſché de pareſtre: car pas vn de ceux-là ne pareſt plus. F. Bous boulez dire qu'ils ſont morts, mais leur renommee eſt immortelle, c'eſt vn veau-mour. E. vous attendez vous que les hiſtoriens facét métion de telle ſorte de valeur. F. Ie ne do-netois pas vn denier de M. de Roquemadour, de toutes bos Hiſtoire graces, c'eſt aſſez qu'on en parle à la Cour lors qu'on y vai, E. Et qui voiez-vous à la Cour parvenir par là? y a-il vn ſeul Gouverneur de Province ou Mareſchal de Fráce qui doive ſon avancement à un duel ? F. C'eſt que les galands & baillans homes ne ſont pas eſtimez. E. C'eſt à dire qu'ils ne pareſſét pas, & cependát tout le but eſt de pareſtre. F. Si i'en eſtois cru il n'y auroit chebalier du S. Eſprit ni Mareſchal de France qui n'euſt eſté ſur le Pré bint ou trente fois. E. Vous voudriez que tout le monde y fuſt gouverné comme vous, tous ne peuvent pas en eſcarper à ſi bon marché: Mais ſi aller ſur le pré eſt vn crime pour lequel par l'Ordonnance de ce brave Roy Henri le Grand on eſtoit pendu par les pieds, par les mains d'vn bourreau, il n'eſt pas raiſonnable que des hommes les plus relevez ſoient les ſalaires des crimes les plus abiects : Bon, ſi vous diſiez comme i'ai ouy autresfois, qu'on faiſoit Mareſchal de France celuy qui ſans tourner arriere auoit percé en trois baitailles, qui auoit eſté en trois aſſauts, qui auoit heureuſement commandé en trois ſieges, & faict ſi-
gnalé-

gnalement en trois combats a drappeaux def-
ployez : il y a fort peu de nos Marefchaux qui
ne foient parvenus à leurs grades par telles ef-
preuves qui font iuftes, & non cellee que vous
voudriez eftablir. F. faut donc que les guerres
foiët d'autre façon que les quatre que i'ai beuës
E. Nous en auons veu en France qui pou voiët
donner occafion de toutes fes preuves en dixhuiĉt mois : mais auiourd'huy les efprits font
plus tranquilles : ie dis en dixhuiĉt mois, dans
lefquels nous avõs ueu quatre batailles & deux
combats d'armees qui en valoient chacun une,
huiĉt fieges de villes & autant d'affauts & deux
fois autant de rencõtres. F-I'aj leu les Hiftoires,
mais ie n'ai point récontré cela. E. Si vous auez
leu aux troifiefmes guerres depuis la bataille de
Iarnac iufques a celle de Luffon, vous y trou-
uerrez tout ce que ie vous dis. F. Cela eft veau
mais le dueil ne s'exerçoit point come auiour-
d'huy E. Il fe faifoit peu de chofes comme auiourd'huy, & s'en faiĉt peu comme lors, F.
Mais regardõs fi tous nos Marefchaux ont vié
paffe tous par le chemin que bous abez dit-il
n'y en a gueres qui ayent bu les trois vatailles.
E. Il y en à pourtant : mais s'il vous plaift paf-
fons le temps ailleurs qu'a examiner ceux a qui
nous devons porter obeyffance. F. Nous ne
fommes point fi fages à la Cour, nous parlons
de tout le monde, E. Et nous gens de village
debuons eftre refpeĉtueux, F. Capdejou fi i'a-
bois veu encores vn coup fi vous diroi-ie d'e-
ftrãges chofes. E. M. vous eftes ferui nous nous
mettrons a table quand il vous plaira, F. Mon-

fur i'ay bien connu voftre priere & a ce que
bous n'abez fait le figne de la croix que bous
eftes de la R. E. ouy M. & ne fuis pas fi bon re-
ligieux que ie voudrois. F. Il y eu de vrabes
homes de bofte parti, E. il y en a efté befoin, F.
Ilme femvle pourtant que le figne de la croix
fait pareftre vn Chreftien. F. Il faut l'eftre pour
le pareftre Dieu requiert de nous d'autres Marques & reprouve celle la : mais s'il vovs plaift
nous ne ferons pas de la Theologie un propos
de table, F. Ie bux donc bous conbertir apres
foupé, & boir faire bon que i'ay leu toute la
Theologie moderne & vien efcouté pere Couton, qui prefche d'vne velle façon. E. L'eftoffe
eft plus que la façon. F. abez bous beu fes prie-
res iaculataires, E. Ouy, M. & ioyeufement,
nous avons des commentaires deffus : mais ne
nous enfonçons point la, il vaut mieux boire à
quoy ie vous conuie F. c'eft vien dit, mais fi
bous attaqueray-ie à l'autre pourmenade. E. Et
moy ie vous rendray nos fimples raifons de village, F. Puis que bous ne boulez pas que nous
parliós de religion, i'ai à bous dire que ie feray
vien empefché a mô arribee à la Cour, car toutes chofes y changent a un biremen : Tel penfe
s'en appuyer d'vn grand qu'il boit auffi toft ré-
berfé, E. fi la Cour ne changeoit point elle auroit changé nous n'en avons iamais veu n'y leu
autre chofe, F. Ie troube que monfur de The-
mines eft parbenuàla Marefchauffee par vnvra-
be moyen & vien nouueau, E. C'eft dequoi ie
ne fajr en que m'é taire, F. ils difent pourtât que
toute la France eft entre les mens de Varbin &

Mangot ils difent que ſe ſont d'aviſſes homes&
bien ſideles à la Róyne& a Madame la ducheſ-
ſe, E. Nous n'en cognoiſſons ni les nons, ni les
conditions.F. Bous eſtes par trop diſcrets bous
autres, nous autres ne ſommes pas ſi reteus, ô
que boila de veaux fruicts, ſont ils du iardin ou
nous ſommes tantóſt pourmenez. E. ouy M. E
Or ça ie bous bux reprendre d'vne chauſe, ſi
bous l'abez pour agreavle. E. vons m'obligerez
F. Ie trobe maubais que bos palliſſades ſoient
toutes de fruictiers, les eſpalliers du buys ont
vien autre apparence. Ma mere à vn iardin qui
n'eſt gueres plus grand que boſte, les eſp .li-
ers debuis y ſont hauts d'vne picque, il eſt brai
qu'il faut que cela ſoit de charpenterie, auſſi
elle s'en fait tous les ans pour mille piſtolles, E.
Chacun a quelque raiſon en ſon eſpece, vous
autres qui eſtes bien fondez donnez vos pen-
ſees au pareſtre, & nous à l'eſtre ſeulement. F.
Bous me faictes ſoubenir d'vn ſonet que quelqu'aume de bilaye a fait contre nous autres
Courtiſans, ie bouſle donc pour boſte fruict
ie croy l'aboir en ma pouchette le boici.

Q Vand le Paon met au vent ſon panache pöpeux
Il s'admire ſoy meſme & ſe tient pour eſtrangє
Le Courtiſan raui de ſa veine louange,
Voudroit comme le Paon eſtre parſeme d'yeux.
Tous deux ſont mal fondez, auſſi de tous les deux
Quand il faut s'eſprouuer la vaine gloire change,
Comme le Paon mire dans ſon pannache d'Ange
En deſdaiguant ſes pieds deuient moins glorieux,

Encor est nostre Paon aux courtisans semblable,
Que de la voix sans plus il se monstre effroyable,
Il descouure l'amy qui le loge chez luy,
Il est ialoux de tout, il est subiect aux rheumes.
Ils different d'vn poinct, que l'vn monstre ses plumes,
Et que l'autre est paré du pennache d'autruy.

Fin du premier Liure.

LES AVANTVRES DV BARON DE FÆNESTE.

LIVRE SECOND.

Où l'auteur, en s'acquittant de promesse faicte au premier, nous dône esperance du Troisiesme.

M. DC. XVII.

AVX LECTEVRS.

MEssieurs, vous auez faict si bonne chere au Baron de Fæneste qu'il a nettoyé sa robbe, s'est adimanché pour retourner à vous: & vous mene auec soy le cadet aussi folastre que luy, hors mis qu'il luy eschape quelque trait de Theologie moderne. Ne laissez pas de le voir, il n'enfonce point & ne s'arreste gueres sur les matieres: car il ne prend rien à cœur: Ce que vous en pouuez attendre c'est qu'il est du siecle, & qu'aux traicts de son village vous vous ressouuiendrez de quelques uns de vostre cognoissance.

LES AVANTVRES DV BARON DE FÆNESTE.

Liure second.

FÆNESTE.

Et beata viscera Maria quæ portaueræt æterni Patris Filium, Boila commét je dis mes graces moy. E. ie croy que vous les entendez bien puis que vous les dittes, F. oy da i'ay esté de la premiere au Colleye de Guyenne, & de la Philosophie a Poictiers, ou nous paressions vien escoulirs, mais nous vattions le pauée, ji'estois vn lebraut en ce temps-la : il me sou-bient vn iour au ieu de paume sainct Iacques à des Commediens qui iouoient , ie me mis a imterpreter l'Italien a vn Barbe raze qui s'adpelloit Scaliyer, ie fis vien rire Messieurs de saincte Marthe qui estoient la : Il faut di-re que nous oserbions des lors le punct d'hon-neur come eust peu faire l'excellent Castel Va-yard: Cestoit cestui-la qui estoit le Maistre des vraberies : Passant à Poitiers vn autre Cour-tisan qui eut prise abec lui, luy ayant dit à l'ou-reille, Rendez bous, à la porte de la Trenchee, la vrabe repartie qu'il fit, Ie n'en feray rien

car ie ne me rend iamais. Mais iouvlie de bous
expliquer ma priere, c'eſt Et les bien-heureuſes
entrailles deMarie qui ont porté le Fils du Pere
eternel. F. Comment? vous commencez par
vn Et.F. Pour bous dire il y a debant, *Laus Deo,
pax vivis, requies defunctis, Tu autem Domine miſe-
rere nobis.* Et puis *Et beata,* Mais ie ne dy iamais
gueres le premier pour accourcir: & puis pour
ne bous métir poent il y a vn mout qui me deſ-
plaiſt en Diavle, c'eſt ce defunctis, qui m'a fait
la plus gráde trahiſon qu'il faut que ie bous die
Nous eſtions allé le cadet de Poluſtron & moy
paſſer le temps chez la du Moulin, nous en-
traſmes ſans dire gare, & troubaſmes vn Preſ-
chur de S. Marri qui ſe cachoit: nous lui abiós
pris lou mante,& quauque met petit: la garce
aboit aberti, en ſourtant de la porte nous trou-
bons un homé qui tenoit vn autre au coulet, &
qui ſe defendoit: Cettui-ci nous cria, Meſſurs
je bous côte cent eſcus au petit pont & m'aidez
à mener ce pendart juſques la: Cap de jou di ye
cent eſcus ſon veaux, nous luy aidons, ce frippons nous donoit des coups de pieds par les
yáves nous boila dedás, on nous prend, & fuſmes encrouez, ce Defuntis nous conta cent eſcus, mais ils ne furent point pour nous : l'autre
eſtoit ſon archer, & n'é aboit qu'un, parce qu'il
alloit en lieu ſecret, & n'euſt eſté peur de deſ-
honorer le Preſcheur on nous euſt fait vn affront ſous la Cuſtaude. Me boila encores hors
de mon porpaux, où eſtois-je? E. Vons eſtiez
ſur

fur la conjonction de cét *Et* auec ce qui eſt au
devant.

F. Ie m'embois bous le dire tout du long en
François. Louange à Dieu, paix au bidans , re-
paux aux morts: Mais toy Seigneur aye pitié de
nous & les bien-heureuſes entrailles : il faut
que ce ſoit que Dieu aye pitié des entrailles, ou
qu'elles ayent pitié de nous. On n'examine pas
ces chauſesà boſtes mode, noſtre Theologie n'a
que faire de la Gramáire : car auſſi vien, ce *mais*
debroit contredire & ne le faiĉt pas.   Boici
comment il faut proufiter aprés deffunĉtis que
l'au Diavle lou mot, il faut faire une pauſe &
aprés *nobis* un autre : à ſes pauſes bous penſez
quauque choſe de contraire : puis bous dites
Mais toy Seigneur. & à l'autre penſez bous que
Dieu eſt vien heureux & auſſi les entrailles.

E. Ie trouuerray bien moien que ce *Deffunĉtis*
ne vous ſcandaliſera plus : diſons , paix aux viuans, qu'il y ait paix entre vous qui eſtes viuans,
& les archers, & puis *requies deffunĉtis*, que De-
funĉtis ſe repoſe. Il y en a 4. ou 5. à la Baſtille
qui diront Amen. Voila pour ce paſſage : mais
venons à l'*Et*.

F. Boyez bous pas que la Meſſe commence
par un F. diſant, Et i'entreray a l'Autel du Seigneur, l'autre reſpond A Dieu qui reſſouyt ma
icuneſſe: il ſemvle qu'il n'y a pas grand ſens à cela, & c'eſt ce qui fait tant de merbeilles : il y à
de nous Docteurs noubeaux qui bulent cour-
riyer l'Introüite, mais il s'en faut vien garder:
car bous autres diriez qu'on auroit failli.

E. Il y a plusieurs passages de ceste sorte, je suis bien aise d'en apprendre la raison.

F. On ne parle pas aux chauses excellentes comme aux communes : Et mesmes aux enchâtemens bous abez force passaye des Pseaumes qui commencent par *Et* l'en say plusieurs, je me contenteray d'vn exemple: a prendre les serpens bous abez, *Et conculcauis leonem & draconem.* Ce n'est pas pour dire comme Monsur lou Maneschal à Pere Couton qu'il estoit enchanteur, parce qu'il faisoit benir Dieu sur le puing, je suis trop Cathoulique: Mais il y a de la magie divine: comme dit Pere Seguirand,& puis j'ay leu en Charon vne compareson de la Messe & de la Trâsubstantiation abec les Sourciers & enchâturs,qui messent de leur substance dans les bruvages d'Amour : il dit aussi qu'à la Messe on employe la substance du Seignur pour nous rendre amoureux : je n'en ose dire dabantaye: il me soubient que Casaubon,dans le cavinet duquel nous lisions cela, nous tira le libre disant: N'achebez de lire cette impieté.

E. I'ai leu ce passage : il commence par ô amour que ne fais-tu point! & c'est bien faict de ne l'expliquer pas: mais il valloit mieux côfesser vne faute en Gramaires que de la couvrir par des blasphemes.

F. Pour moi je defendrai tout iusqu'au vatesme des cloches,& bous combertirai si bous en abez la boulonté: Contentez bous que ma priere, parest pour priere come l'abe Maria.

E. Ie voi bien à ce que vous dites que ceux

que vous conuertissez le veulent des-ja estre.

F. Oy da j'ai aidé plus que nul autre à combertir le Capitaine de Maziliere du reyiment de Nabarre, on luy fit du vien, il alla à la Messe, & puch il alloit chez les Grands pour faire parestre sa comberfion. Vn yor on estoit en perpaux chez Monsur de Roquelaure laquelle des Reliyons estoit la millure. Il faut, dit Mousur lou Maneschal, demander à ce queiteine: Bien çà, dit-il, tu as taté & trouqué des deux dépuis Samedy, qui est la millure? L'autre respond abec assurance que c'estoit la Cathoulique: lou Maneschal repart, Tu mens frere ou tu nous as trompez, car tu as eu de l'aryent de retour.

E. Voila vn des bons mots de ce temps: vous me voulez convertir ioyeufement.

F. Il est de retour des bostes & m'a renboyé ce chapelet que ie luy abois presté pour parestre: car bos debotions de bous autres sont inuisibles & boste Eglise inuisible.

E. Que n'acheuez-vous de nous reprocher comme les Sauuages, que nostre Dieu est inuisible.

F. Nous autres boulous tout bisivle.

E. C'est pourquoy entre les reliques de sainct Front, on trouua dans vne petite fiole vn esternument du S. Esprit.

F. Ce font des inbentions de bous autres, qui abez fait imprimer vn inbentaire des reliques, où sainct Paul a dix-huict testes, sainct

Pierre seize corps, sainct Anthoine quarante
yras.

E. Vous auez faict pareſtre ce que nos gens
ont dit, ne pouuoir eſtre: vous pourriez voir
la pluſpart de ces choſes en vn liure que j'ay
ceans, qui s'appelle, *Le Coſe mara viglioſe de l'Al-
ma cita de Roma oue ſi tratta de le Reliquie de corpi
ſancti, per Giovanni Oſmarina Gigliotto, con licen-
tia di Superiori.*

F. Si ces vonnes gens en diſent vn peu plus
qu'il n'y en a, c'eſt par debotion & pour faire
pareſtre l'auneur qu'on porte aux Sencts non
pas bous autres qui les abez oſtez de leur re-
paux.

E. C'eſt donc leur faire honneur que d'en
faire des monſtres: Car nous n'auons jamais
veu de leurs os que nous ſçachions, mais vous
les croyans tels, les auez faict vendre a petits
morceaux en toute l'Europpe par les porteurs
de rogatons.

F. Ie ne m'en done pas de rien : car ie croy
que tout ce qui eſt faict en vonne intention eſt
von.

E. Et moy auſſi.

F. Pourtant bous autres ne croiez pas cela.

E. Nous ne blaſmons aucune bonne intention : mais la difficulté eſt à monſtrer qu'elle
ſoit bonne : car nous maintenons que tout ce
qui offence Dieu ne peut eſtre appellé bon.

F. Et cóment jugerez-bous que l'intention
eſt vonne ?

E. Quand elle s'accorde à la regle du bien.

F. Encore faut-il que ceste vonne intention
paresse.

E. C'est ce que nous demandons au iour &
au flambeau de la verité.

F. Ie demoure à cela que l'intention faict
tout:c'est là où iay bu triompher Pere Couton
quant il fut pris pour iuye d'vne gayure entre lou Varon de Courtaumer & le Sur de Ca-
nisi.

E. I'en ai ouy parler, c'estoit qu'il n'y avoit
point de consecration sans la droicte intentiõ
du Prestre.

F. Oy, qui Diavle bous a dit cela en se peys
perdut:ie pensois que aussi vien que les Vre-
tons bous ne sceussiez noubelles des mariages
des Rois qu'aux vaptesmes de leurs enfans. La
gayure estant donc faicte la Cour se troube en
grand emvarras. Comment disoit l'vn, nous tenons que les Sacremens sont necessaires àsalut,
& ie ne sai si i'ai communié.

E. Cela ne deroge point à vostre religiõ qui
vous ordonne l'incertitude de salut.

F. Laissez moy dire : vn autre disoit Mon
pere mourut part hier si vn riuaut de Prestre
sonyoit à sa garçe, boila mon pere damné par
la faute d'autruy: vn autre disoit nous tenons
le Mariaye pour vn Sacrement, & si lou Prestre
sonyoit à desjeuné lou Mariage est nul, par
ainsi nous & les nostes sommes tous fils de pu-
tens.

E. Il y a bien pis:car si toutes les Messes du
Sainct Esprit qui ont esté dictes à vous faire

des Preſtres , des Eveſques des Archeveſques n'ont eſté auec l'intention, où ſont vos abſolutions, voz ordres & vos Egliſes, & par conſequent la ſucceſſion perſonelle de laquelle vous vous vantez. Il y a eu dans le conſiſtoire de Rome vne pareille queſtion agitée plus de ſix mois: Vn Archeveſque des plus riches, des plus doctes d'Italie & vn des plus grands hommes d'Eſtat, fut viſité par ſa nourrice , de laquelle, bien que pauure villageoiſe il voulut avoir la frequentation deux jours pour ſe plairre aux contes de ſon enfance : cette pauure idiotte le ſecond jour , rauie des ſplendeurs de ſon nourrigéon , lui ſauta au col, en diſant, *Che qui donqua la Bambino qu'io batizay penſando que trepaſſaſſé.* Comment, dit le Prelat, ma chere mere, n'ay-ie eſté baptiſé d'autre que de vous ? Non dit-elle: car nous vous tenions pour mort. Et il repliqua en quels termes me baptiſaſtes vous? *Me fiol, diſſ' io ti batti ſo el nome di noſtra Donna.* L'Archeueſque adiouſte, *Et di piu? no iudiſſe la ba liaque noy altre no battizia vamo d' altra fogia.* La finit le plaiſir de ce perſonnage, qui amplit tout le college des Cardinaux de cris & lamentations, diſant, Ie ne ſuis pas Chreſtien n'eſtant pas baptiſé au nom de Dieu : où ſont tous les Sacremens adminiſtrez par les Preſtres que i'ay faict Preſtres, & tát d'Eccleſiaſtiques fauſſemét ſacrez de ma main, qui en ont tant ſacré d'autres? de quelle multitude ay-ie rempli l'enfer, ſi les Sacremens ſont neceſſaire à ſalut, & ſi Dieu s'attache à ſe qui faict *ex opere operato.*

F. Ie boi vien que bous en fabez veaucoup.

E. Pardonnez moi, ce font les termes du memoire qu'on nous envoya.

F. Pere Couton eft plus avile que tout ce
Confiftoire: car il euft demeflé tout cela come
il fit la gayure, affaboir que l'home ne poubant
iuyer que de ce qui pareft, toutes ces chaufes fe
doibuent contenter de pareftre, & boila pour
mon pareftre contre boftre Eftre.

E. Ouy, mais on ne veut pas que la Confecration pareffe: car Gabriel Biel dit que l'inven-
tion de la fecrette, qui eft de dire les parolles
miffifiantes bas fut que le pain des clercs parut
chair, dont il y eut vne grande pefte : & cela va
vn peu loin pour noftre familiere propofition:
mais ie vous demande fi le Baron fut contant
de cefte refolution?

F. Non pas non, qu'il fe fit tres-vien payer un
von courtaut, qu'on appelloit à la Cour les uns
le courtaut de la Confecration, les autres de
l'intention, aux enfeignes que l'Aumounier de
Monfur de Lucembour me le monftra vn yor
que nous paffiõs au bois de Ioüembal, il eftoit
là en relez, nous demandafmes aux payes fi
c'eftoit là le courtaut de la gayure, en debifant
ils nous empoignent tous dux, nous defpouil-
lent, & nous fouettent en Diavle: mais l'Au-
mofnier le fut plus que moy : cette quanaille
rioit fi for, qu'en fourtant de la ie meffourçai
de rire: car cela s'appelle le relez : Cap de fainct
Arnaut les railleries y paroiffoient de la à dix
iours à propaux de pareftre.

E. Vous qui aymez les ancienes ceremonies
ne deuez pas reprouuer cela:car ce sont ancien-
nes ceremonies de la chasse.

F. Vn queyreine de Vrouag,pour bous dire
comment ces payes sont meschans,me mena
chez Gibaut ou Engibaut, là dedans estoient
restez qu'auques chebaux de Monsur lou Duc:
& quelques payes aussi: ces frippons ne debi-
soient que de vailler le moine, j'en abois ouy
parler,mais afin qu'ils ne ioüasse point à moi,
ie me bantois en souppant de l'aboir donné à
tous les payes de la petite escurie. La nuict come nous estions couché ce queytenne & moi,
ie sens je ne sai quoi qui me sembloit arracher
lou gros ourteil, lou queitenne autant que ie
criois me donnoit de grands coups de coude
dans l'estomac, crioit plus haut que moi qu'il
bouloit dormir, qu'il n'aboit que faire de mes
foulies cela dura long temps qu'au prix que i'a-
bançois lou pied au prix donnoit la saccade,&
moi de crier & mon camarade encore plus
haut, & coups de coude, ie l'abois estranglé,
mais ie sentois vne douleur pour faire renier vn
sullant:en fin à force d'oveir cela me tire par les
piés hors du lict & puch i'eus patience. CHER
Monsieur.c'estoit le Capitaine qui auoit passé
la corde à la quenoüille du lict, il tiroit d'vne
main & frappoit de l'autre.

F. Dis-tu bray Chervonnier,que ne me le di-
sai-tu?jou l'eu demen fait appeler.Cher.Voiez
vous, Monsieur vous estes si mal-heureux à
prendre querelle, & puis vous en feriez bien

autant

autant à vn autre. F. Oy da oy, mais ce qui me
faschoit le plus, c'est que j'abois desja mau aux
ourteils. Ce Givaut est voufon & mattois:no'
abions joüé force jux, entr'autres au fossimet,
c'est le plus fat ju de tous les jux, vn autre, luy
& moy estions embeloppez la teste d'vn tappi:
je disoy qu'ils m'emportoient les ongles de
coups, car par mesgarde ils frappoient sur le
bout des pieds au lieu du dessous, & moy qui
ay force corps,& qui me chausse a cinq puncts
comme bous boyez, pensez encore ne pou-
boi-je debiner pour sortir. Cher. l'eusse bien
deuiné moy, c'estoit luy qui passoit la main par
dessous le tappi & qui congnoit les deux autres. E. Ha, j'enten vien, c'est à la fausse compenie, c'est le ju de la paix de Lodun, s'ils me
l'eussent nommai ensi je n'y eusse pas entré. O
vien, il m'en soubiendra du faussimet, & m'en
ressentirai Cher. Et ditte moy, n'auez vous
point senti les deux genoux où vous alliez les
yeux bandez pour empoigner l'escu. F. Il y
aboit vien à rire : car nous ne le poubions sai-
sir. Cher. Ventre de loup ces deux genoux
estoient les fesses d'vn lacquais où vous fistes
tant treuirer la piece auec la langue, & la pous-
siez en vn vilain pertuis. F. Habalisque, comme disent les Prouençaux de toute la Xenton-
ge,ie disoi que c'estoient les genoux de ce bilen qui puoient : car pour bous dire j'ai le sen-
timent bon. E. Il y a dequoy s'en ressentir:
mais c'est en jeu. F. Nous passasmes vien le
temps estant là dedans : Tous les dimanches il

faiâ benir tous ſes bailets pour joüer abec lui.
E. Nous en euſſions fait autant ce ſoir qui eſt
Dimãche, ſans la peine que vous preniez pour
me conuertir, nous y ſommes entrez trop
auant; mais vous l'auez voulu. F. Eſtrade, dittes la vas que Monſur demande des yens pour
yoüer come de couſtume, boyez bous je m'eſ-
vatterai abec mes bailets come lesPrinces ſont
abec nous autres : & cependant qu'ils bien-
dront, je ne me puis tenir de bous dire que ſi
bous abiez bu les miracles qui ſe font en pluſieurs lieux, & ſur tout aux Hardilieres, bous
ſeriez conberti. E. Comme quoy, Monſieur?
F. I'y eſtois quand Matthe la demoniaque y
fut amenee, il faiſoit furiux de la boir. E. Que
lui fit l'Eveſque d'Angers? F. j'entens vien ce
que bous boulez dire, mais le Clergé fut contre l'Ebeſque: Eſtoit-ce vien fait à vn Prelat
quant le Capucin lui diſt qu'il touchaſtMarthe
au jarret de la braye Croix, il la toucha de la
clef: Et puis eſtoit-ce fait en von Paſteur, au
lieu de lui dire de l'Ebangile lui dire vn Epigra-
me de Martial? E. I'ai oui dire qu'elle fit gam-
bades à ſes deux eſpreuves. F. Ie croi vien, &
je bous payerai de raiſon : Les Diavles deMar-
the qui eſtoent Velzevut & Aſcallot, come ils
ſceurent vien dire eu Conſeiller Mathias qui
les interroguoit an Grec, eſtoit l'vn trop praube, & l'autre trop jeune pour aboir eſtudié.
E. Ie voi bien, l'Enfer multiplie, & ils alloient
enſemble un jeune & un vieux, comme font les
Preſcheurs : Auez-vous ſceu ce qu'en ordon-

na la Cour? car Rappin qui la ramena en garde à ses parens me l'a conté. F. Si Pere Gontier
fust esté creu, la Cour eust esté excommuniee:
Bous abez veau dire, il se fait de grands miracles à Saumur: N'est-ce pas une velle chause du
Seryent Mayour qui emboya son chebal en
boyage pource qu'il perdoit les yeux? son chebal fut gueri, & luy debint abugle. E. Le conto
dit que huict iours apres il vid entrer vn Evesque, & lui tourna l'eschine, que Dieu l'aban-
donna à faire la fausse monnoie quatre ou cinq
ans durans; dont il fut pendu à Thouars. F.
Peut-estre qu'il se combertit & fit le voyage
comme son chebal, mais encore si bous y abez
esté, il faut que bous confessiez que les voi-
teux y ont laissé un amas de vourdes plus haut
que le planchai de cette salle. E. Ie vous rem-
bourserai du sonnet que vous m'auez donné
apres disné, par vn Epigramme qu'vn Escolier
de Saumur m'a donné pour respondre à vostre
question.

Que dittes vous, disoit n'agueres
Le bon Curé des Ardilieres,
Des miracles qu'on fait ceans
A la barbe des mescreans?
Ie responds qu'ils sont invisibles.
Vous estes, dict l'autre, terribles,
Si vous ouvrez encor les yeux,
Si vos oreilles ne sont sourdes,
Tant de bourdes de ces boiteux,
Qu'en dittes vous? Ce sont des bourdes.

F. Boila qui est vien meschant, ie bous prie de

me le faire escrire. E. Vous l'aurez, & auec lui
un qui est en mesme page, c'est du Curé de la
Rochelle qui auoit empli vne garce, instruite
à faire la demoniaque: mais l'incredulité des
Rochelois ne luy permirent pas de faire miracle, & voici ce qu'ils en disent,

Nostre Curé la bailla belle
Aux Huguenots de la Rochelle,
Il mit vn Diable dans vn corps
Et luy mesme le mit dehors.
Elle défiguroit sa face,
Faisoit grimace sur grimace:
Et pour miracle plus nouueau
Trouua bien la feve au gasteau,
Nul ne peut guerir cette garce,
Sinon le Curé, parce
Que pour chasser tels ennemis
Il faut celuy qui les a mis.

Vn Rochelois m'a donné cela, l'autre me fut
donné sur le lieu comme je m'y promenois
pour demander vn miracle qui fut vrai, & vraie
ment miracle, ie les ay tous trouvez invisibles,
& c'est le poinct où ie m'accorde auec vous
pour demander le parestre: Nous avons veu
force gens gagez pour contrefaire les aveugles
& les boiteux, la perquisition en seroit aisee.
L'Evesque de Xaintes a fait vn traict de bon
Pasteur: quatre gueux ayant contrefait les a-
veugles allerent prescher leur guerison par une
source nouuellement trouvee à saincte Lurine
pres Archiac: le miracle print si bien feu que
des parroisses de six lieuës environ on y porta

en deux mois pres de deux mille charretees de
pierres, l'Evesque alla sur le lieu, & ayant faict
enqueste, contraignit chacun de remporter sa
pierre. Le Cardinal de Lorraine l'eust anathe-
matisé: car il voulut faire mourir Fervaque pour
auoir ruiné le Prestre de Billoüet. F. Comment
cela? E. Ce Prestre estoit Lorrain, excellent ra-
doubeur, il racoutra plusieurs estropiez dans le
païs: il faisoit venir des aueugles & des boiteux
à sa poste, aux autres qu'il ne connoissoit point
il leur disoit que la volonté d'estre gueri, croire
l'estre, & le dire estoient le commencement de
guerison: il dressa une loge aupres d'vne chap-
pelle ruinee, qui fut en deux ans & demi accô-
pagnee d'une bourgade de six à sept vingt mai-
sons, où il y avoit quarante bônes hosteleries:
tous les Princes du Royaume & plusieurs y vin-
drent, en fin comme il instruisoit une garce à
faire la demoniaque pour la Pentecoste, Fervaque & la Lausiere la desbaucherent, & lui aiant
tout faict confesser entre les mains de la Iustice
d'Orbec, la bourgade que i'auois veuë en sa
grandeur fut rasee en deux iours. Le Cardinal
disoit qu'il ne faloit pas ruiner les fraudes pies.
Ce sont telles impostures qui firent declarer
Berne par le miracle des Iacobins, & Geneve
par les enfans qu'on faisoit resusciter sur un
fourneau dâs l'autel, & des lames qui leur bru-
loient les nerfs de la nueque: cela ne peut seruir
que de couuerture aux niais, & qui veulent des-
ja estre convertis, & au contraire ces villonne-
ries vo⁹ ostent tous les esprits qui ont quelque

foin de falut, pource que iamais le menfonge
n'edifia la verité. F. Ie vous dirai qu'il peut vien
y aboir eu quelques tragetaires qui ont fadegé
comme cela: ne fuft-ce que ces dux merciers
qui mirent noftre Dame de la Mer Rouge
dans vn nid de Pie, & firent manger au peu-
ple par deuotion un gros chefne iufques à la
racine: Bous ferez caufe que i'y regarderai de
plus pres. Boila velle compenie pour iouër, çà
enfans, au Roy defpoüillé, on aime fort d'y
iouër, ou vien au poirier. E. Quel meflanges
d'affaires en la tefte de ce pauvre Baron! le voila pris, & fon Cherbonniere qui le garde: Vien-
çà Carmagnole, Voi-tu comme ton compagnon frappe voftre maiftre par le derriere au
lieu de le garder: C'eft ainfi que quelques uns
ont gardé l'Eftat: ne craint-il point qu'il s'en
apperçoive. CAR. Par ma foi, Monfieur, nous
avons vn maiftre le plus droffe: ô il n'eft pas
plus maiftre qu'il ne faut: quãd vous eftes tous
deux enfemble, il y en a un plus fin que l'autre:
le voila delivré. F. Ces pendarts m'ont efchauf-
fé l'efchine, mais ie bus aboir rebanche. Or
çà, ioüons à bis-combis, ou vien à banque-
banquet. E. C'eft une figure d'eftre bien & mal
qui fe practique à la Cour: faictes comme vous
aviferez, ie m'en-vai voir à voftre chambre.
CHER. Monfieur revenez voir la falle fi vous
voulez voir du plaifir, vos gens ont fait ioüer
noftre Baron à Michau, voftre vallet les a laif-
fez voir Carmagnolle & lui, leur apprenant à
frapper vn coup à terre entre deux, afin qu'il

ne paroiſſe pas qu'ils voient. E. Ainſi nous
voyons tous à nous mal-faire, nul à ſe garder:
hé là, Monſieur, vous tenez trop long temps
ce jeu, debout.   F. Ie ne m'en ſoucieroi pas,
mais cependart rocque toujours d'un extrem.
C A R. Que ferai-je quand je ne voi goutte. F.
Or lou Diavle lou yeu & les ſerbiettes tant elles ſont dures : lou paſſe-temps eſt pourtant
gaillard: mais c'eſt aſſez, ie ne penſe point qu'il
n'y euſt quauque valle de mouſquet dans la
ſerbiette: deſnoüiez la mienne, il n'y en a point,
j'aurai demen lou cougot enflé; I'euſſe mieux
faict de bous conbertir, cela me baudroit und
penſion & à bous vne autre; à quiconque pere Couton en proumet, c'eſt autant de varré.
E. Eſt-il Apoſtre de celuy qui commence ſes
harangues, par *Dabo tibi*? F. Que penſez-bous
le credit qu'ils ont luy & ſes compagnons : ils
s'en bont aux priſons, ſi quelque praube con-
damné de boſte reliyion ſe but conbertir il-
le feront delibrer.   E. Et s'il ne veut ? F. Ils
le laiſſent paſſer.   E. S'il y a lieu où ils puiſſent
trouver des gens qui ayent la volonté prepa-
ree, c'eſt là : mais ont-ils bien en ſi peu de
temps inſtruit un déuoyé de toute ſa crean-
ce? F. Ie leur ai faict une fois compenie pour
un de vas Poictou qui s'appelloit la Combe,
mais depuis il s'eſt deſconberti : je pris garde à tous les poincts, ils ne s'attachent qu'à
la primauté du Pape, & font von marché de
tous les autres : je me faſchoi qu'ils ne lui diſoient rien du Purgatoire, ils me reſpondi-

rent que pourbu qu'on ne touchaſt point aux
Indulgences, toutes les queſtions de l'Eſtat
des ames aprés la mort eſtoient trop difficiles
pour le commun : Ie demandai à Pere Baile
comment il entendoit lou paſſaye de pluſieurs
manſions & du ſein d'Abrahan, il me dit pour
tout potaye, Liſez là deſſus Sainct Auguſtin.
E. Monſieur, encore qu'il me faſche de traitter ces matieres entre des jeux, ſi ne puis-je
me tenir de vous dire qu'il auoit raiſon : car
ce ſainct Autheur prent à taſche d'expoſer ce
poinſt, diſant, Puis que ces manſions ſont en
la maiſon du Pere, quelle impieté ſeroit-ce
qu'il y euſt quelque lieu de tourmens? il con-
clud en ces termes contre ceux qui veulent
plus de deux lieux, ſoit pour le Purgatoire ou
pour le Lymbe, Cette foi, dict-il, n'eſt point
foi Catholique, & par deux fois je vous prie
qu'avec vous n'habitent point ceux qui habitent en telle erreur : Et quant au ſein d'Abra-
ham quelle brutalité de loger dans ce ſein où
eſt noſtre eſperance un foyer & vn fourneau
de tourmens : Ie vous monſtreray mot à mot
ce que je vous dis ſans partir de ceans. F. Ie
bous en prie, & auſſi l'eſtranye paſſaye de
Charon, & cependant je vous proteſte que je
bux tousjours croire lou Purgatoire & lou
Lymbe quoy que ce ſoit. E. Voyez-vous ce
grand maſſon borgne, & l'autre payſan qui eſt
avec luy, ils ont quité le jeu pour nous eſcou-
ter, ils diſputent ſans ceſſe l'vn contre l'autre,
ſi bien que ma beſongne ne s'en fait pas mieux,

ils en

ils en viénent aux coups, & concluent en *feriasans*
s'entendre, & protestent tousiours comme vous
de ne se viré ja, leurs raisons ne se connoissent
point à la Sorbonne, & seroient meilleures pour
la soiree que ce que nous disons, ie voi bien à leur
mine qu'ils enragent d'en dire leur aduis, F. Oy,
ce vorgne nous escoute vien de pres. Qu'en dités
bous mon compere du Limbe & du Purgatoire?
CLOCHARD. Est to do Picataire & do Zimbe
que ve dise? y ve veus faire vittus queme fit nette
menestre y quo crapucin de lotre semoine: Est to
pas vrai que le ceau est to d'ine pece, que disé? L.
C'est qu'il vous demande, si le ciel n'est pas tout
d'une piece. F. Ie l'entens vien, bous ai-je pas
dit que i'ay demuré à Poictiers.| Oy compere
oy, ie bux vien qu'il soit tout d'vne piece. Clo.
Ve zou velé ben, le Moestre n'a que foire que ve
li ajué: O ben, est to pas vrai que glé fat en voute. F. Oy da. Clo. Et peu quo faut disputré d'i-
ne voute, o l'est mé qui en sé le moestre fasou, y
est fat toute les cave de cions, o l'y en at ine qui a
tronte brasse : & si avoure ve velé veni picqué in
piquataire ou ben y grattez do zimbrespre ou faire chere & faire treviré la moison y ou endurré
feré : & netre Seigneur qui é pu grond moestre
queme vé : laschera-teil picqué do cavereaz pre
foesre do piquatoire & do zimbres, disé. F. A
quin perpaus toutes ces massonneries. E. Monsieur, faisons luy respondre par l'autre : Avancez
vous Matthé, respondez à Clochard, il fait le
savant. Matthé. Monsieu, agaré y n'entom
poent toutes y quellez vetille, Clochard à bea

piroütté sen bounet dons lez eilz do personne
quont gle parlent: o me souvent qu'ine foi ve li
demandiez si gle vou velet virebrequiné la cer-
velle. Cloch. O l'est ma menere, mez ve qui le
bounet à bas. Matt. Agaré, Messieurs, o l'y at
ine chouse, qu'y serai toute ma vie de la Messe,
& Clochard qui est in bea parlou, ne me saret gon-
gné de quo cousti: Est to pas vrez que les nousillers fleurissant à toutes lez netre Damme? & ben
pre quieu quest o? Matt. O l'est que l'Egleze
ou a ben ordonné. Cloch. Est-to pas vray qu'o
l'at deux ons quo ne fit poent d'Hivert, & quette
onnee encore lez nousillers n'ont poent lasché
flour, vedrez-tu dire quo l'aret esté feste toute
l'annee. Matth. O vretudi si ne me veuze pas
viré, agaré Monsieu le Baron, in sot avise ben
ine beeste, ne ve viré ja non plus que mé. E. Et
bien, Monsieur, que dires vous de ces docteurs.
F. Ie di que l'vn est tant fat que l'autre: je boi
vien que bous y passez boste temps, je suis d'accord de ne parler plus des reliyions, mais de la
Cour & de l'Estat. E. Ne faisons point nos risees
criminelles: Cà, parlons de Paris. P Qui n'est
en Paris n'est pas au monde, ma praube maistresse
m'attend de von cœur, Dieu sait si elle est en pene
la praubette, je luy ay pourtant escrit. E. Vous
avez bien fait: car encore que vostre guerre ait
plus espandu de vin que de sang, si est-ce que la
Rochelle est redoutee. F. Elle le fut, mais nous
l'abons descouberte. E Les choses ne demeure-
ront pas comme elles sont, le Roy veut que ses
fortifications soient rasees. F. I'ay oy dire à celui

qui a fait lou Manifeſte de Monſur lou Duc, que
ce qui ſort des mens des revelles ſera raſé : mais ce
que nous tenons demeurera là, en changeant de
quelques noms ſeulement. E. Ie crains ce que
vous dites, retournons à Paris, n'avez vous point
la coppie de la lettre que vous avez envoyé. Oy
braiment, ie penſe aboir le vroullart en ma pouchette. E. Voyons, Monſieur, des fruiĉts de ce
bel eſprit. F. Attendez la boiçi, bous en rirez,
ceci eſt tout vrouïllé.

Madamiſelle, en fin les aſtres & les
Melemẽs m'ont tant indiſgratié par
boſte velle abſence & douce memoire d'eſ-
ſtre ſeparé de bos yeux, ſemvlavles à une
aurore plubieuſe, que i'abois faim de me
priber des champs Eliſees: toutesfois il ſeroit une grande indiſcourtoiſie à bous de
deſouvlier boſte praube eſclabe. Au reſte,
nous abõs tiré la piſtoulade pour l'amour
boſte, ayant eſté ſoixante Cabaliers vien
exterminez, entre leſquels ie ſuis eſtimé
pour vn biux routier de guerre, abet prés
de Tadon desſier les revelles par deſſus
leurs murailles: Et croyeZ qu'il ſera parlé du Baron de Fæneſte envõne compenie.

Ie bous diray pour noubelles, que bous ne reproucherez plus mes chebaux indomptez, pource qu'en cette armee nous bibõs sayement, n'allant point à la desvauche, priant Dieu, Madamiselle, qu'ainsi soit de bous, du Camp d'aupres la Rochelle.

E. Voila d'un haut stile cela, l'amour est un estrã-ge precepteur: & n'auez vous fait qu'vne maistres-le à Paris. F. Quauque floignac, j'en fis une pour espouser la premiere, qui me fit plus de maux que quatre Espagnols n'ont de morpions, i'estois au cõmencement de nuict à la porte abec biolons & auvades, je faillis à la quitter pour quauques peyrades que les courtaux de voutiques nous iet-terent: Il y eut un enchanteur & une femme nom-mée Lascotte qui me proumirent de lui amoulir lou couraye. E. Et quels enchantemés avez vous veu de ces gens là. F. Lascotte prenoit vn enfant de trois à quatre ans, luy rascloit les ongles & les oignoit de cresme, & là dedans cet enfant boyoit soit pour larcin ou pour meurtre, l'homme qu'on cerchoit. E. Ne marmottoit-elle pas des oraisons à l'oreille de l'enfant. F. Oy bien abec une estoille sur le col & vn cierge allumé, & lou benestier là prés. E. L'enfant ne disoit que ce qu'elle luy gron-doit dans l'oreille. F. Et que diriez bous de ce qu'elle me mena dans vn iardin, & qu'elle me fit boir dans un mirail ma maistresse. E. Ie dis qu'elle estoit de l'autre costé de la muraille, & que vous

la viftes dans la reflection de deux miroirs, dont
l'un eftoit demi fpherique pour empefcher qu'elle
n'euft les pieds en haut: ie gage qu'elle vous fit un
cerne, duquel vous ne deuiez point fortir. F. Oy
vien, mais c'eftoit pourtant enchantement: or ie
bous 'en ai trop dit pour bous pouboir rien celer,
fachez que celle que ie boulois efpoufer me mit à
telle raye que ie boulois parler au diaule, un Italien
m'en promit l'experiment, pourbu que ie n'euffe
point de peur : peur, dis je, Si lou pont levedis
d'Enfer eftoit veffé, ou fi i'entreprend de le petar-
der, ie bous irai abec vn nerf devuf faire trouber la
quanaille d'Enfer à mon ferbice: Il falut donc benir à la preube, la porte fant Matceaut eftoit ou-
berte toute nuict, pource que c'eftoit l'ânee de la
pefte, nous fortifmes donc pour benir dans une
petite plenne qui eft abat de Viffextre, où nous ar-
ribons fur les onze heures, mon home me redemã
de fi i'abois point peur, Ventre de fant Criftophle
di-je, ce font les diavles qui chient de peur de me
boir qui te font demander cela: ô vien, il fe fepare
& fe va pormener prés d'une hure, & puis me vint
prendre par la men pour me mener dans vn cerne
il aboit vn coudre vlanc en la men, abec un petit
fuzil, il allume de l'encés & puch, ayant dit *adefte
fpiritus benevol*, & quauque motets, il fe fait tourner bers l'Ourient, n'ayant rien fait de ce cofté il
comméça par *Et ecce ego totus vefter*, & n'ayant encores rien fait de ce cofté il me dit, ce font les Sep-
téttrionaux à qui ceci appartiét : nous faifons de
my tour, & come il comméçoit *Agla V arcan*, Ie
boi come fortir de terre un home auffi grand que

nous deuxl'vn fur l'autre, boſſu debát & derriere, de bous dire ſon biſaye po cap S. Maumoulin il me prend ſi grande frayeur, regardez come mes chebux en dreſſent encore, ie me mets à hutte pl' biſte que le bent, ie tumbai dans des eſpines, & devout, courant donc ſans regarder ie me precipite dans une caberne ſur quelque chauſe qui n'eſtoit point trop dur, ſi vien que ie ne me rompis rien: à un demi clair de lune ie m'abiſe que i'eſtois dans lou charnier des peſtiferez, lors ie commençay à ſentir les corps, ie fis vn yrabe trait pour ſourtir, c'eſt que ie fis eſchelle de dix ou douze corps, & gagne lou louys ſans me banter de rien, hors mis au Curé, à qui ie fis dire une Meſſe de S. Roch, il me bouloit faire ſeigner de peur de la peſte, mais l'autre pur dominoit: & bien, ordonnas à qui deſſus. E. Ie dy qu'il y auoit quelque petit foſſé ou petite muraille demi ruinee, derriere laquelle eſtoit couché voſtre demor, & qui eut loiſir de prendre ſes eſchaſſes, cependant que l'enchanteur vous tenoit la veuë deuers le Midi. F. Il aboit les jamves vien greſles, bous me faictes penſer, ie boudrois tenir mes douze piſtoles que i'abois conſignees auparabant. E. Et bien apres tant de maux euſtes vous la maiſtreſſe. F. Sachez que ie continuai encores de luy donner des auvades: i'abois trois honeſtes fils de bille, & vn ſoir comme nous achebiós de chanter, il y aboit tout plein de loüáges, qu'elle eſtoit la ſource de ma bie, fontaine de toutes bertus, fontaine de grace, tout par fontaine: come nous finiſſions ces dux bers,

Sois de douceur la fontaine,
Comme tu l'es de beauté.

Me boila une terrasse pleine de pissat, abec quelque bilenie parmi, qui me tira du sang de la teste,
mes compagnons se mirent à iniures, l'vn appella
fontaine de merde, l'autre fontaine de pissat, &
nous en allons. E. Et voila la eadence de l'a-
mour. F. Despuis ie boulus l'aller vraber, ces
couquins sortent abec allevardes, il se falut retirer
vien biste: le guet nous prit, j'en fuspour mes trois
iours au Chastelet abec quauques patas, lou Maneschal de Ferbaque nous tira de là. Ie fis encore
un autre amour pour mariaye, & depuis ie n'y ai
pas pensé: Les yeux du Maneschal m'accompa-
gnoient, m'appelloient lou Marquis de Franci-
scas, forçez honestez homes de la Cour me pre-
stoient carrosse pour y aller, ce n'estoit que la fille
d'vn plumassier, mais elle aboit dix mille escus
petits, au mens disoit sa mere, qui pour faire sa
fille Marquise me la fiança: le malheur boulut
que le Maneschal de Ferbaque me desvaucha pour
aller au vourdeau chez un Maistre Thomas, il
monta le premier en la chamvre haute, & puis
me fit passe pour aboir ma part, cap. S. Philebert
ie troubi que c'estet ma fiancee, jou m'en alli
fort penaut, & depuis n'ay pensé en mariaye, encor que Monsur Cahier m'eust promis de m'en
amener une au montoüer par enchantement. E.
Et croyez vous que Cahier en sceust plus que les
autres. F. Ha! Monsur il m'a monstré des libres
de magie composez par luy de dux pieds de haut,
il m'a fait boir dans vne couque d'uf, où il faisoit
le petit home abec des germes, des Mandrogores,
de la soie cramoisie & un fu lent pour parbenir à

des chaufes que ie ne bus pas dire, il m'a monftré
les images de cire qu'il faifoit fondre tout velle-
ment pour efchauffer le qur de la galande , &
celles qu'il vleffoit d'vne petite fleche pour faire
perir vn Prince à cent lieuës de là: qu'en poubez-
bous dire. E. Ie croy qu'il eftoit enchanteur comme les autres. F. Et quoy bous autres, ne croyez-
bous ni Anges ny Demons. E. Nous ferions Sad-
duceens comme vn heretique de ce païs que ie ne
vous nommeray pas, pource qu'il fait femblant
de fe repentir: l'Efcriture nous apprend qu'il y a
des enchanteurs & des forciers: les premiers rares
tefmoin iqu'vn Duc de Sauoye a dépendu cent
mille efcus à en cercher, les autres trop frequens,
au nómbre defquels ie mets Cahier , qui s'eftoit
donné au diable par cedule fignee de fa main, fti-
pule de la main de l'acquereur: vous avez ouy dire
fon horrible mort : mais i'ay veu entre les mains
de Monfieur Gilot la piece originaire, lors que la
Cour deliberoit pour faire brufler fon corps ou
le pendre à Monfaucon les pieds en fus , mais
on trouva des Seigneurs & des Dames de fi haute
eftoffe qui participoient à fes horreurs : qu'on
eftouffa cette ordure, comme on fait auiourd'hui
d'autres qu'on eftime eftre plus feur de faire
pourrir en noftre fein que de les mettre hors en
euidence. F. Eft-il brai qu'il aboit auffi bendu au
diable fon bailet & fon mulet. E. C'eft ce que ie
ne fça y pas bien. F. Il bous fit pourtant grand mal
quand il bous quitta. E. Il ne nous quitta pas, il
fut chaffé, & nous ne tenons pas à defadvantage
que telles gés ne peuvent durer parmi nous, F. Le

chassastes vous pour la magie? E. Il ne fut au
commencemét accusé que de deux liures, l'un
par lequel il soustenoit que la fornication, ni
l'adultere n'estoit point le peché defendu par
le septiesme Commandement, mais qu'il de-
fend seulement τὸ μοιχὸν χύειν, voulant toucher le peché d'Onam, & la dessus eut la sacrée
Societé pour ennemie: L'autre liure estoit re-
stablir les bourdeaux: mais sur son proces in-
teruint l'accusation de la magie, & nous eusmes les liures qu'il auoit escrits au Teil Chau-
vin de tout cela: Il n'est pas que vous n'ayez
veu vn Sonnet à sa loüange, qui a fort cou-
ru. F. Ie ne l'ai point bu, ie bous prie de me le
donner. E. Ie le sçai par cœur, il y a ainsi,

Huguenots, vous croiez qu'au doux sein de l'Eglise
Sont nourris & sauuez les fideles sans plus.
Nous disons que parmy les agneaux, les esleus,
Elle embrasse les boucs, & les loups favorise.
* Cayer voulut loger les putains en franchise,*
Canoniser pour Saincts les verolez perclus,
Nostre Eglise l'a pris quand vous n'en vouliez plus
Catholique il poursuit encor son entreprise,
* La paillarde le vid Martyr pour les bourdeaux,*
L'Aduocat des putains, syndic des macquereaux.
Elle ouure ses genoux l'accole tres-humaine,
* Honteux, bannis, puans, verolez, ladres vers*
Huguenots, confessez que l'Eglise Romaine
Tient son giron paillard à tous venans ouuerts,

F. Cet hmome aboit promis au Mareschal de
Feruaques les plus velles chauses du monde,
& debois en estre. E. Comment est-ce que
le Mareschal avec lequel vous ayez eu tant de

H

privauté ne vous a avacé? F. Oy vien privauté,
oy ſi vien qu'vn embieux, comme ie contois,
que lui & moi abions faict quelque chauſe,
me reſpond, *Etiam nos, poma, natamus.* E. C'eſt
une emblesme d'une maiſon tombee dans l'eau
là où les eſtrons allant à nage avec les pom-
mes diſent ce mot, & les ruines des grands
maiſons font nager les excremens plus vils
avec les meilleurs fruicts: cela ſeroit bon pour
les champignons de ce temps, & non pas
pour vous. F. Si lors ie l'euſſe entendu il y euſt
eu de l'aſne: ie recebois touſiours quelque
affront abec ces Nourmans; un iour ie les
ouy-rı-e par une feneſtre qu'ils me regardoiét
marcher par la ruë: pour bous dire ie ne marche pas en Vourgeois, ni en Recoulé, ie bai
un peu de grabité, trainant une iamve à la
cadance de la teſte, comme font tous les galands homes: ces paillards en donnant l'eſcu
deſpeſchent deux tambours qui prennent
leur marche de ma meſure, ie penſois au cő-
mencement qu'ils battiſſent la garde, & ne
bous mentirai pas que come ils prénoient la
peine de s'aſſubiettir à ma deſmarche, auſſi
abec quelque plaiſir ie m'adonnois à leur ca-
dances, ie m'apperceüs en fin qu'autant de ruë
que ie chanyeois ils en chanyeoient, ie m'arreſtai & eux auſſi, ie repars, ils vattent aux cháps,
quand ie fus vien las ie fai ferme, & leur demande: Pourquoi benez-bous par tout où ie
bai: eux reſpondent, Pourquoi allez bous
par tout où nous benons? Pourquoi ſonnez-bous quand ie marche? eux, Pourquoi
marchez-bous quand nous ſonnós? Pourquoi
ne ſonnez-bous plus quand ie m'arreſte? eux,

Pourquoi vous arreſtez-vous quand nous ne
ſonnons plus ? De meſme ſur la marche à l'accord, & ſur l'accord à la marche: En fin di je, Ie
boi vien que bous eſtes des voúffons, pou cap
de jou je bous fendrai lou parchemin : eux me
diſent, Nous bous mettrons la caiſſe dans la
teſte, comme au Curé Sainct Euſtache: ie
mis la men ſur la poignee de l'eſpee, eux ſur
les lur: en fin le plus veau que ie puiſſe faire,
c'eſt d'entrer chez un fourbiſſeur. E. Vray-
ment ceſte champiſſerie n'eſtoit que gaillarde,
i'en vis faire autant ſous la hale de Nyort à
nh gentilhomme qui avoit vn de ſes bas de
chauſſes bandé au haut de la cuiſſe , & l'autre
en cour caillet. F. I'eſtois vien de meſme, mais
cela ne me ſepara point : & meſmes ſi la guerre huguenotte euſt commencé ie luy abois
promis une petite brigade du pays, ie luy euſſe
mené quelque huict mille arquebuſiers & dux
mille chebaux, force cabdets : mais ie fus irri-
tai par d'autres biedaſeries, comme un iour
ils firent partie en diſnant vne bintaine, ſans
les bailets, de s'aller permener dans la ſalle
du Palais tous eſperonnez à quatre heures, ie
me mis de la partie, la raquagnerie fut qu'en
montant le degré les laquais oſterent les eſpe-
rons de leurs maiſtres, & les miens me demeu-
rent: quand nous fuſmes dans la ſalle eux-meſ-
mes m'accuſerent, beci à mes jamves de petits
Vaſochiés, & moy à turcqs penſant qu'eux en
fiſſent de meſme : les voila tous à rire, & moy
offencé de quauques pugnades que firent ces
maraux, ils m'enleberent ſur leur teſte bous
euſſiez dit qu'ils me bouloient faire leur Roy:
& patience pour cela, n'euſt eſté que les petits

me donnoient par dessous quauque foissade
d'espingle, quand ie fus eschappé ie dis tout
haut, que quiconque aboit fait cela, aboit fait
le sot, ce qu'ils aduouërent: n'estant pas satis-
fait, i'appellay traitre vn qui monstroit à escri-
mer aux pages: il me print par la men & me dit
à l'oureille, allons au pré aux Clercs, ie luy re-
spondis de vonne faiçon. Vous n'abez rien à
me commander: c'est pour bous dire que ie
n'estois pas sur mes armes, ie n'abois qu'une
petite foy de gentilhomme: mais apres ie luy
ay emboyé lou villet, & depuis ie bay equip-
pé comme bous boyez. E. Il arriue de grands
accidents faute d'estre preparé, voyez-vous
bien cefaux paysan auec ses nousilles, il lui est
arriué une advanture qui n'est pas excellente
comme les vostres de la Cour, ie vous la dirois,
mais il me fasche de vous faire vn conte de village. F. Ne laissez-pas, Monsur, ils sont quelquesfois les millurs. E. Ce compagnon est un
maquereau de village, il entreprit tout à la fois
4. Curez, & leurs 4. chambrieres, à chacun des
Curez il dit, Que voulez-vous faire de cette
vilaine salaude, ceste esdentee, ie vous en veux
donner vne propre & honeste, & à chacune
des garces, Que veux-tu faire auec ce vieux
pourri, verolé, qui n'en peut plus, ie te veux
donner un maistre qui fait bonne chere, tu es
encore iolie: Tous les huict lui ayant promis
vn present, il fit mettre les manches rouges aux
quatre chambrieres, & adimancher les quatre
Curez, & changea tout sans sortir des huict, &
en eut un manteau, un chappeau, & cinq pi-
stoles, donnant pourtant ordre que la moins
vilaine fust à son proche voisin: un soir il luy

faisoit l'amour par la feneſtre en l'abſence du
Curé, & n'ayāt peu faire ouvrir la porte par pro
meſſe, en fin il la menaça que ſi elle ne luy ou-
vroit qu'il emmeneroit le gorret, & s'en mit
en deuoir, & Magdelene de crier aux voleurs,
voila le cōpagnon à la fuitte: le Curé de retour,
la fidele ne faillit pas de lui dire dās le lict, qu'il
y a des perſonnes qui font bōne mine aux perſonnes, que ſi les perſonnes ſavoient la fidelité
d'vne pauure perſonne qu'on ne penſeroit pas
il fallut en fin qu'elle nōmaſt le ribaut, & qu'elle luy dōnaſt aſſignation au lendemain au ſoir
que Monſieur le Curé fit ſemblant d'eſtre aux
champs, Matté ne faillit pas à l'aſſignation ſur
les onze heures: le malheur fut que le Curé ne
ſe trouva pas ſur ſes armes, il ſe ſouuint pourtant d'une arbaleſtre dont ſon valet, lors en Limouſin, alloit quelquesfois tirer aux garennes
du fief, il demande à Magdelene, où eſt l'arbaleſte? Ie l'ai, dit-elle, fait bander apres diſner,
il la fallut aller querir ſans chandelle, de peur
que Matté ne veid le feu a trauers la porte, c'e-
ſtoit vne arbaleſte a rats que ceſte vieille ap-
porta au penart, lui monſtrant comme il falloit
desbander: la deſſus il fit ouvrir la porte, il met
le doigt au pertuis, en delaſchāt ce fut à crier à
pleine teſte, à Matthé a ſe ſauver, & aux voiſins
qui coūrurent au ſcandale a deviner qui tenoit
ce pauure home. F. Boila vonne hiſtoire de bilaye, toucque la men, crouquant, ie ſuis ton camarade d'advātures amoureuſes. A l'autre bia-
ge que ie fis a Surgeres ie me fis traiter de quau
que maü de Paris, ie fus eſmeu de debotion, &
par le conſeil de laname du lieu, qui me fit pre-
ſent de l'argumēt invincible de ſon pere ī'al-

laià S. Rigoumé de Maillezais. E. Ne paſſons
pas ſans voir cet Argument invincible. F. Iele
garde cherement, car il a rendu muets tous vos
Miniſtres: toutesfois vn ieune home de Maillezais y mit au bas quatre mots en Grec , tenez
vela le tout. E. Ie voi bien, ὐ διαλέκτιον ταῖς μεταφο-
ραῖς. Il dit vrai, & voſtre Sorbóne dit, que *Theo-
logia allegorica nŏ eſt argumĕtativa*, F. Cap ſant Ar
naut trop en ſabez per eſtá Notari: apres les ceremonies faictes , ie m'accoſtai de la chávriere
d'vn Moine qui me vailla aſſignation dedans
vn cavinet d'vn grand iardin, il me falut paſſer
ſur vn pont, ie me troubai cap bas & pés en ſus
dans lou connibet : ils diſent que ſant Rigoumé guerit de la coulique, mais pour ceſte fois
il m'en vailla la malauſie: ie ne me ſoubenois
pas de l'eſcrimeur que ie bous ai cóté qui m'a-
boit appellai par lou billet que ie lui emboyai,
ie lui dónai aſſignation à demie lieuë hors des
fauxbourgs à l'endroit du clocher ſante Gene-
biebe, ie n'abois garde de prendre lou coſté de
Biſſexte de pur de la pur que i'eus de l'enchâte-
ment, ie m'en allai aux pierreries de Vaugirard
où quauques fois ie me mettois à coubert de la
vize, ie ne ſai pas ſi le galland ſe pourmena long
temps: mais pour ſe báger il me dónna aſſignation cóme la Cour eſtóit à Moulés, pour nòus
vattre au grand jardin, en penſant aller à luy ie
me ronce dans l'autre connibert. C'eſt grád cas
quand dux opiniaſtres ſe ren cótrent, ils ne veu
lent rien laiſſer aller: Lou Mareſchal de Viron,
i'entens lou dernier, eſtát à Chevoutonne m'a-
corda une querelle avec vn auvreau de là prés,
nous fuſmes ſur lou pré, ie m'arreſtai ſur vn petit tucquet plus haut pour boir au loing de pur

de supercheris, lui qui estoit au pré me dit que
ie descende, moi lui dis qu'il môte, biens à moi
disoit l'vn, biés à moi disoit l'autre, chacũ bouloit garder son hauneur: nous fusmes si lõg téps
sur lou monte ça haut, & sur lou descend çà vas
que lou mousnier & so femme se mirent entre
deux. E. C'est bien fait d'aduiser aux supper-
cheries : Est-il possible qu'en tant de querelles
il ne vous en soit point arriué vne. F. Poubez
dire, c'est ce qui fait que ie n'y bay plus à la
desvandade : il n'y a pas vn mois que i'estois
louyé à Nostre Dame à Xentes, il abint que
estant un peu destranpé du bentre je mettois
au soir le cu à la fenestre, un fadas de Seryens
nommé Corvineau, dans la porte duquel alloit quauques ourdures, m'ayant menacé auparabant, m'espia si à propos que lui & sa femme me tirerent tout d'vn temps lui vne pistou-
lade sans valle, & sa femme une ceringade qui
m'emplit chausses & perpunt de sang : ie m'es-
crie à la lumiere, i'us lou varvier, qui aiant ac-
commodé son premier appareil, me laba toute la region du darré à viau bin vlanc tiede, &
puch, ne troubant rien me boulut quereller,
me pourra lou pung prés lou bisaye, disãt qu'il
n'estoit point bailet d'estubes, mais Chirur-
gien des vandes, & que ie lui ferois raison, c'estoit un grand paillard havile home & i'en estois en peine : mais ie sceus par les boisins la
veste qui aboit fait lou domaye, c'estoit ce
Corvineau, dõt pource qu'il estoit estropié d'-
un vras & d'une iamveie l'appellai à chebal au
pré lou Roi: lou Cordelier à qui ie me cõfessai
abât aller au comvat me conta gouguetes de ce
paillard, & me le despeignit cõme le fraudeur

des rufes que bous boiez en Amadis, il fe trom-
be à l'affignation, dit qu'il me bouloit bifiter
de crainte que i'euffe cuiraffe, que fit lou tac-
quain ? il mit vas la vride de mon rouffi & do
mefme temps lui donne de la vourde fur veau
nez pour luy faire tourner la tefte, ie mis l'ef-
pee au poing penfant lui dõner un pic par deffus l'efpaule, il pare de la vourde & retourne à
moi, boila mon chebal dans le fauxbourg des
Dames: ñoutez que c'eftoit un iour de marché, où il y auoit force cabales; voila mõ diavle
apres: le bilé me fuiboit roufiours à pics & foi-
fade abec fa vourde: en chemin fe troube le
praub. Chanoine Roy qui alloit à Therac, cefte mefchãte vefte lui mit les iamves fur les ef-
paules, & en veffe fa jument, boila lou puble à
rite, & mon Corvineau me boiant affez emve-
fongné me dit, Faites, faictes & bous enbenez:
I'ouvlie à dire, come il me pourfuiboit crioit
Blctbirre, ie n'eus patience de tout lou monde
que ie ne fuffe appointé: Le Maire qui faifoit
l'accord, havile hõme, m'allegue fon eftropie-
mét, que i'eftois demeuré le dernier fur le lieu,
& qu'en fin s'il eftoit moi qu'il fe contéter oit,
ie fus donc prié d'ouvlier. E. Ie croi qui fi euft
il fait s'il euft efté vous mefme: mais pour le cõ-
te ie vous prie ne me priez pas de l'oublier, &
en tour re dis que voila vne notable fupercher-
rie, & fi n'eft point faite à la Cour. F. Ie bis racõ
ter dans la chávre du Roi une querelle févlavle
& un veau próuceder, ie voudrois aboir dõné
cét piftoles de la couppie: C'eft l'excelléce de
la Cour: Oftez en les dames, les duels & les ba-
lets, ie ne boudrois pas bibre: là & aux champs
i'ai troubé force embiux à ma fortune: mais dç

laisser là lou bilaye ie bous ditai que ie m'acco-
stai d'un Courtisan qui s'appelloit sant Phelis,
home vien benu chez tous les Princes & Prin-
cesses, cettui-ci m'ayant oy faire cas des enchan-
temens me dit qu'il en saboit plus que Caume
Cæsar, lou petit Prestre, lou Curé sant Saturnin
Messire Louis de Marseille qui aboit tant con-
sacré de crapaux, couché abec six bingt bierges
par enchantement, mangé tant d'Hosties de na-
beaux : qu'il en saboit encores plus que ces dux
Prestres ; de qui bous boyez les proucés impri-
mez, & que sans tant de misteres si ie boulois il me meneroit en une vonne compe-
nie où il passoit les soirees, sans que ie fusses bu :
Pour m'assurer d'abentaye il me gagna un laquais
qui s'ppelloit Vulpin, il me fit mettre mon manteau à l'envers & mon chappeau la guelle en sus,
prendre de chaque men de la cendre, ietter de
l'une en vas, de l'autre en haut en disant, *Tasius eia*
cela dit i'entre dans la chamvre où estoient ses
bailets & le mien : un d'eux me tocque bentre cô-
tre bentre, mon laquais me donne d'vn tros sur
l'os de la jamve, ensi assuré ie m'enbois abec mon
home chez une Duchesse là où une fille de chamvre qui empesoit me vrida le nez d'une coufusion
par mesgarde, & moi de sous-rire : Le jour d'apres
il m'y mena en chebal, toutes les Dames fuyoient
& se cachoient sous les licts, parce qu'il me faisoit
ruer : mais quand sant Phelis bit que les bailets be-
noient à l'allarme abec fourches chamvrieres &
nefs de vus, il me mene entre deux portes, me re-
met lou mante & lou chappeau, boila la paix faicte : Vn autre joril me mene en lion, & un autre

en afne, & me menoit par l'oureille, & puhc quád
ie fus deuenu amoureux de la Dame, il me changea vn jor en efcabeau, furquoi Ferbaque s'affioit
prés d'elle: le riuaut me fit ploier les reins en ce
laiffant choir fur moy, & puch pris plaifir d'en-
rendre de leurs amours, par fois ils difoient mal
du praube Varon de Fæneſte: en fin mon Gou-
bernur s'abifant que les jamves de lefcaveau pli-
oient, & qu'il fuoit, il s'en bint dire au Manef-
chal, Si bous boulez eſtre au coucher du Roi il
eſt temps: enfi il me delibra d'vn befant fardeau.
Quand nous eufmes enfi plufieurs fois fait de les
noſtres, il s'abifa d'vn veau plaifir: un foir il me
mena vien beſtu, & quand ie fus dans la falle tout
lou monde me prenoit pour nud, & me changea
les mots, & fit dire au lieu des premiers, *Tevo fel
farvaut*. Les junes Dames s'eſtónoiét, fe cachoiét,
les bieilles & lesbailets prenoient dés ceintures:
alors il me faube dans la garderove, & monſtrai
que c'eſtoit par enchantement. En nous retirant
au foir ie m'abife d'un vrabe trait, cette Dame, di-
je me met la men fur les chauffes en debifant, né
me fauriez bous mener là dedás tout nud, & que
ie femvlaffe vien beſtu, Autant faffible l'un cóme
l'autre dit mon home. Le foir du lendemen benu,
ïl me mène dans vne petite garderove & là m'ai-
da à defpouiller, quand j'eus oſté la chemife j'eus
quauque apprehéfion, me foubenát le foir auparabant que les Dames m'aboient dit, Ne benez
plus enfi tout nud, on vous découplera des foit-
turs, Ie di à fant Phelis à l'oureille, ie me troube
moi-mefme tout nud, lui me replique en coulere, Et où eſt l'auneur? & depuis quand la pur au

Varon de Fæneſte: Ce fut aſſez dit, ie ſauté en la ſalle comme un lion, & Dames & filles à gagner la porte du iardin: notez que le meſchât S. Phelis bouloit aboir ſon plaiſir de tous, tellement qu'ils n'eſtœnt point abertis, tout lou mal que i'eus fut une bielle Damiſelle & une femme à chappe-ron & dux petits payes qui aboient quauque cen-tures & quauque vuſc, apres quauque eſſuyade ie gagne la garderove où ie m'en fermai: l'excuſe de l'architecte fut que nous abions failli aux mouts, qui eſtoit *te voſel Iarvai.* E. Tous magiciés ſont ſubiects à faire des fautes: car le diable eſt trompeur: Ie ne m'eſtonne pas ſi vous dittes que qui n'eſt à Paris n'eſt en nul lieu, vous n'euſſiez pas trouvé ce plaiſir au village: le profit de voſtre hiſtoire eſt ſur ce mot, *où eſt l'honneur?* Ce'ſt une parole qui mene les gens aux coups, non pas ſeu-lement de ceintures & de buſc, mais au gibet & à l'eſchaffaut : i'en ſcay qui ont pris la verolle par honneur, & à ce propaux je vous veux rembourcer d'un conte em pour les voſtres, duquel le mot pourrire eſt cét honneur: ſeulement vous veux-je faire ſouvenir que l'Eſtre & le pareſtre tomberent d'accort en voſtre acci-dent. *F.* Tant y a, boyant qu'on me faiſet la guerre au Loubre de ces folies, je m'en bins de deſpit en cette expedition : mais ayons donc boſte von conte. E. Le Roy de Navarre eſtant lors à Agens, avoit promis à vne vieille maquerelle nommee Marroquin, de lui donner vne nuictee de ſa Ma-jeſtè, pourveu quelle lui livraſt vne de ſes belles ſœurs : la vilenne avoit quelque verolle & la peau grençe dont elle avoit eu ce nom : Vn ſoir que ce

Prince ce dérobit par l'efcurie avec le Sieur de Duras & quelques autres, & Peroton qui portoit l'efchelle, un jeune rouffeau qui s'appelloit Brilbaut, toufiours brillant fe faifant de fefte, quoi que fouvent repouffé, fe mit de la côpagnie, mal venu du commencement: mais quand l'efcalade fut pofee à la feneftre, il prit vn mal de cœur au Roy en penfant aux boutons qui fervoient de poinçons à la Nymphe, il fe repentit donc d'acheter ficher un repenti, il fe torne à Brilbaut, lui demande s'il eftoit fon feruitur, l'autre ayant protefté, Allez dit il pour moi & revénez fans parler; Ia n'ayienne, dit Brilbaut, que je me mette en la place de mon Maiftre: Le Roy adjoufte, C'eft manque de courage, où eft l'honneur, fi vous en avez vous ferez ce que ie commande: quand le Palladin vit qu'il y alloit de la reputation, il faute en l'efchelle comme vous fiftes en la falle, trouve la feneftre ouverte, il entre & va au lict, où il fut receu avec harangues baffes & baifirs; il voulut bien executer tout abillé, mais la Dame dit que ce n'eftoit pas fait en Prince: Elle donc le defchauffe & lui ofte le pourpoint: entre les linceux la Courtifane voulut du preambule: Quoy, Sire, ne fauroi-je avoir vne parole d'un Prince, qui fait tant d'hauneur à une praupe Damifelle: Tant fut preffé le muet qu'il fallut dire à loreille, Parlez bas ie ne fuis pas le Roy, Que Diavle es bous donc? Il n'euft pas fi toft refpondu Brilbaut, que la voila crier à pleine tefte, Bous es Brilbaut? bous es lou diavle, Aux bollurs, au murdre: & puis elle court à la feneftre crier A l'arme, arme, arme: elle void que les autres avoient laiffé l'efchelle, elle

avance le bras pour la renverfer, & n'y pouvant
toucher, fe mit à crier, Arme plus que iamais, l'a-
mant avantureux entendit en la chambre du deffus remuer deux Capitains freres de la diableffe:
durant quelle travailloit à l'efchelle il gaigna la
porte de la chambre, puis une galerie, faute dans
la baffe cour, paffe par deffus un puits & dans le
jardin d'un Confeiller où eftoit logé le Sieur de
Frontenac, qui lors eftoit avec le Roy: en esjam-
bant par deffus uue treille le Compagnon tombe
entre des branches, la chemife trouffee fous les
aiffelles, les bras enveloppez dedans, le voila pendu fans fe pouvoir defpeftrer; en cette pofture il
entend toute la ville en rumeur crians aux armes,
dixhuict ou vingt tambours par les ruës, les trom-
pettes & les cloches : il ne fe debattoit plus pour
fe depeftrer quand les valets du Sieur de Frontenac courent par deffous la treille porter les armes
à leur Maiftre: le premier donne du mourré de la
fallede dans une cuiffe, & de la crette aux genitoi-
res du fantofme, & tombe en arriere du coup,
celuy d'aprés, voiant cela blanc en l'air & fon cõ-
pagnon à bas fe mit à crier, *Aueté omnes animæ.*
Mais le pendu refpondit hé mes amis ayez pitié
de moi: à cette parolle les deux coquins fe refolu-
rent de le prendre, il adjoufta, Ne me montrez
à perfonne & je vous ferai un prefent, à lors ils
creurent que c'eftoit uu des traitres dont venoit
l'allarme, fi le menerent prifonnier fur fa foi
dans un coin de l'eftable, lui donnant pour le
couvrir un caparaffon bleu bandé de blanc & de
iaune: Le prifonnier ne fachant comment appai-
fer toutes chofes, les prie de ne s'efmouvir point,

les aſſure que ce n'eſtoit rien, qu'il racommode-
roit tout, que ce n'eſtoit pas à lui à monter à l'eſchelle, que le Roy l'avoit trompé, ayant oy ces
propos un valet de chiens picque à la chambre
du Roy aſſurer qu'ils auoient pris un priſonnier
qui eſtoit le principal de l'entrepriſe. Le Roy có-
mençoit à ſoupçonner qu'au meſme temps de la
follie fut arrivé quelque autre choſe, quand le cadet de Frontenac avoit porté la lumiere à l'eſtable, vint aduertir que c'eſtoit Brilbaut, qu'il l'a-
voit congnu ſans eſtre deſcouvert. Quand la nuiͨt
& l'allarme furent paſſees, le Roy voulut avoir la
gloire de delivrer le priſonnier, s'en va avec joy-
cuſe compagnie à l'eſtable reſpondre ſa rançon
aux valets, & l'emmenent tout boiteux, la teſte
paſſees dans la teſtiere du caparraſſon, dont Peroton portoit la queuë, parce qu'il eſtoit trop long,
& ainſi le menerent en la chambre du Roy, où il
fut receu honorablement, tout le monde criant,
Vive l'honneur & l'amour enſemble. Rien ne faſ-
cha tant Brilbaut qu'un pennache du mulet de
Frontenac que ces coquins lui avoient attaché
par derriere. F. Boila le plus veau conte que j'ai
jamais entendu, eſt-il poſſivle qu'il ſoit enſi arri-
bé. E. Nous avons au commencement proteſté
de bourdes vrayes, nous n'avons rien dit en tout
noſtre diſcours qui n'ait arrivé, ſeulement avons
nous attribué à un meſme ce qui appartenoit à
pluſieurs : Le profit de tout noſtre biſcours eſt
qu'il y a ſix choſes deſquelles il eſt dangereux de
prendre le pareſte pour l'Eſtre : le gain, la volup-
té, l'amitié, l'honneur, le ſervice du Roy ou de la
patrie, & la Religion. Vous perdiſtes voſtre ar-

gent quand vous penſiez gaigner, voz voluptez
de Paris vous ont donné des maladies, voſtre ami
vous a fait foüetter, l'hóneur battre, & meſpriſer:
les deux derniers points ſont de plus haute con-
ſequence, auſſi en eſt la tróperie plus dangereuſe:
car ceux qui font pareſtre deſirent le bien public,
le deſirent: mais pour ſoi: & à ce propos il fut fait
à Lodun quelques couplets ſur les eſlateurs du
bien public, quelqu'un y donna cette cócluſion.

En fin chacun deteſte
Les guerres, & proteſte
Ne vouloir que le bien,
Chacun au bien aſpire,
Chacun ce bien deſire,
Et le deſire ſien.

S'il y a du Pareſte ſans Eſtre de ce coſtélà, il n'y
en a pas moins de l'autre: mais l'abus du Pareſtre
en la Religion, qui eſt le dernier poinct, eſt le plus
pernicieux, pource que le terme d'hypocriſie
qui ſe peut appliquer au jeu, à l'amour, à l'amitié,
à la guerre, & au ſervice des Grands, eſt plus proprement voüé au fait de la Religion. La condi-
tion de nos diſcours & l'heure qu'il eſt n'en per-
mettent pas d'avantage, & nous convient aller
dormir: Prenez ces chandeliers vous autres, Allons, Monſieur. F. Bous me faictes grand deſpit,
que ne dittes bous, Ces flambeaux? ils ſont d'aryent, & trop vien faicts pour bilaye. E. Allons
Monſieur, je ne vous ai pas demandé ſi vous voulez vn mattras: vous eſtes trop de la Cour pour
vouloir autre choſe. F. Cette Chamvre ne ſent
pœnt trop le bilaye: boila tapiſſeries des Gove-
lins. E. Bon ſoir, Monſieur, uſez priuément de

voſtre ſeruiteur. F. Monſur je ſuis le boſte. E. Ne
faiſons point le convi de Limoges. F. Comment?
E. Quelques Limouſins paſſerent une nuict à ſe
convoyer. F. O vien Monſur: oubez Chervonnier, Eſtrade, il faut vien garder de frotter les
yottes à la ta piſſerie de ceans, ni de rien deſrover:
cap de jou cet home ne ſe mouche pas du talon.
CHER. Encores ne ſçavez vous pas qui il eſt, je
vous le dirai à l'orueil: car il neveut pas eſtre nommé, C'eſt N.F. O cap de jou, je m'en bai en ſa crá-
be parler à lui, ie ne bux point de perpunt,
vaille lou mente: Comment, Monſur, bous ne
me diſiez pas qui bous eſtes, tout lou môde bous
cognoiſt bous abez'de ſi vonne places, tát fait de
ſerbices, on bous a oſté bos bieilles & noubelles
penſions, bos garniſons n'ont eſté payées il y a
dux ans, on bous pille bous qui ſcauriez vien pil-
ler les autres, & bous ne boulez pas que nous par-
lions de l'Eſtat, j'ay appris quelque choſe de boſte
Secretaire. E. Ie n'ai point de Secretaire, celui qui
eſcrit ſous moi en pourroit trop dire, & je ne me
veux pas venger par paroles de ceux qui me font
tort, ſachant bien endurer perte de vie & de biens
de mon Roy: mais de ceux qui abuſent de ſon nô,
apres avoir bien enduré, je me pourrai plaindre
avec efficace. F. je bous bux monſtrer demen
mattin que je ſai le ſecret de l'eſcholle, & bous dirai des noubelles que bous ne ſauriez bous em-
peſcher de repartir. E. Bon ſoir Monſieur, vous
vous morfondez. F. A Dieu ſias

FIN.